하얀 종이배의 꿈

하얀 종이배의 꿈

지 은 이 | 정병국
초판인쇄 | 2025년 11월 05일
초판발행 | 2025년 11월 10일

펴 낸 곳 | 신아출판사
발 행 인 | 서정환
편집 디자인 | 허여경

주　　소 | 서울시 종로구 삼일대로 30길 21
전　　화 | (02) 763-8881
E-mail | younga7892@hanmail.net
출판등록 | 제465-1984-000004호

ISBN　979-11-24068-14-4　(03810)
정가 : 15,000원

※ 저자의 허락없이 무단전재와 복제를 금하며 잘못된 책은 교환해 드립니다.
※ 저자와 협의로 인지는 생략합니다.

하얀 종이배의 꿈

지은이 정병국

책을 내며

『하얀 종이배의 꿈』 영원한 방랑객 '정병국의' 첫 작품집이 세상에 얼굴을 내밉니다.

　세상이 내 안에 들어와 흘러 다닌 궤적의 희로애락을 저의 미약한 필체로 건져봤습니다. 그래도 영혼의 고운 올들이 건져져서 여리고 아린 감동을 드릴 것입니다.

　삶의 반경이나, 영혼의 반경이 저의 부족한 소양으로 때로 거칠며 벽으로 다가오기도 했지만 소년 같은 맑은 영혼과 긍정의 포말로 여기까지 왔습니다. 뚝 멋의 감성이 살아 있어 저를 알고 있는 분들의 마음에 시고 단 감동이 봄날의 새순처럼 삐죽하기를 기원한답니다.

강물 따라 흐른 날들

바쁘지도 않은 바쁨이
언제나 내 등을 밉니다
나 지나간 자리는
바람처럼 없어도

내 마음의 작은 일기에는
연필심으로 그린 그림이
궤적으로 남아 있습니다

바람처럼 구름처럼
거처 정처 모호한 혼을 흔들며
영혼은 수정보다 고운 빛으로
궤적마다 알알이 수 놓습니다.

길 위에 외로움 맛봅니다.
내 삶은 통속한 나그네이지만

외로워도 들먹일 새 없고
피로가 고봉밥처럼 쌓여도
열정 하나로 상쇄시키며
쓰러질새 없이 살아 냅니다.
그게 내 오늘의 현실입니다

요즈음 내가 운전하며
고성으로 맘껏 부르는
[내 마음에 강물]처럼
수많은 날은 떠나갔어도
내 마음에 사랑과 열정은
끝없이 흐르고 있습니다.

오늘도 금수강산 대한민국을
로시난테와 달립니다.

2025년 11월 **정병국**

차 례

책을 내며

1부 가을 밤 그리고 커피 한잔

하얀 토끼가 가져다 준 희망 • 14
염소와 사는 붕알 친구 • 19
죽 쒀서 개 좋았던 일 • 21
당시 오소리 한 마리 잡으면 로또 당첨급의 행운 • 27
가을 밤 그리고 커피 한잔 • 33
가을, 별 같은 소묘 • 36
쪼잔한 머리, 기억의 단편들 • 40
내 뚝 멋의 노래와 독서는 유년의 고독이었요. • 43
깊은 손맛의 여동생 -깻잎과 콩자반- • 47
리즈시절이 있었다. (버킷리스트의 하나) • 54

2부   하얀 종이배의 꿈

중학생이던 둘째 딸과 술에 얽힌 스토리 • 60
가을이 물들어가는 시월 어느 날 • 64
하얀 종이배의 꿈 • 66
책들이 선물로 굴러들어 왔다. • 74
이기면 당연하고 지면 창피한 일 • 78
인정 넘치는 칼국수 • 81
산만한 덩치의 이점 • 86
월급날 우쭐거림으로 딸들 키운 이야기 • 88
나는 갑니다. 훈계서 한 장을 가지고 • 93

3부 어머니와 감자빵

어머니와 감자빵 • 98
뚝 멋 사내의 연애편지 • 106
바다보다 깊은 아내에게 쓴 연애편지 • 109
당대 시인들을 배출한 천등산 • 113
어머니 • 117
난해한 아버지 • 122
동성들의 느끼한 쪽지를 받는 얼굴 • 134
지구별 독서 여행이 게을러진다 • 139
독서가 내게 준 고약한 병 • 142
생애 최고의 요리도 했다. • 148
뚱뚱함의 인기와 쇼크사 위험 • 154
씹을수록 고소한 세상 • 160

4부 파랑새를 쫓던 시절

아! 야학 스토리 • 164
맹한 장사꾼이 월요일에 만나는 박하 향 고객 • 173
옥수수 튀밥포대 속에서 마법사가 되다 • 177
난 이래 봐도 어린 왕자랍니다. • 181
파랑새를 쫓던 시절 • 185
정선 배추전의 깊은 맛 • 192
정선의 인정을 던져준 두 남매 • 195
라면이 내게 사랑받는 이유 -어머니- • 201
소년에게 해변의 여인을 가져다 준 형님 • 207
네 식구가 벌이는 우리 집 추억의 복불복 • 212

5부 빡빡머리의 슬픈 고집

농활農活 누나를 사랑한 천등산 산골 소년   • 218
운전하는 나를 펑펑 울린 친구 -명절 스토리-   • 227
빡빡 머리의 슬픈 고집   • 234
훔친 자전거가 나를 울렸다   • 239
『프란더즈의 개』 • 244
나이 들음은 파란 유년으로 돌아가는 거다   • 249
유년의 등골을 빼 먹은 지게 귀신   • 252
몸에서 대지가 움트는 뚝 멋 남자   • 257
분실된 지갑…. 우리나라 국민 품성이 참 좋다   • 261
확대경으로 이런 것만 찾는다.   • 263
아주 특별한 유년의 안주   • 267
예쁜 사랑을 가지러 갑니다   • 271
영원한 방랑객 vagabond   • 274
천등산 산골 소년 청주 골에서 살아남기 • 276

1부

가을밤 그리고 커피 한잔

하얀 토끼가 가져다준 희망

얼마 전 강원도 원주에 갔다가 놓아 기르는 토끼를 보고 얼마나 반갑던지요. 제가 어린 시절 토끼 박사로 유명했답니다. 주체 못 할 정도로 많이 키웠습니다.

초등학교부터 청소년 시절까지 하얗고 순한 토끼를 기르면서 맛본 깊이 모를 희망과 설렘, 까닭 모를 비전과 능동적인 사고를 배양하며 세상에 대한 꿈을 키우던 일들이 떠 오릅니다.
봄이 도래하면 대지에서 나오는 기운으로 충동적인 의욕을 키워봅니다. 파란 새싹이 들판 여기저기 푸르게 자라나기 시작하면 번식력이 매우 뛰어난 토끼와 늘 봄을 함께 했습니다.
작은 노동력으로 토끼는 관리하기 수월해서 좋았습니다. 일년에 4번 정도 새끼를 번식하는 데 특히 봄에 낳는 새끼는 하얀 귀여움으로 경이로운 생명력을 부여해 주어 마음 가득 희망을 채워주었지요.

　어미 토끼 한 마리로 대략 20~30마리는 거뜬히 늘렸고 겨울날 동네 어른들의 술 추렴 안주로 팔아서 골병으로 앓아누우시던 어머니 약값과 식량 대용 옥수수로 맞바꾸며 추운 겨울을 나기도 했지요.

　그 시절 임신한 토끼의 배만 만져도 새끼가 몇 마리 들었는지 알 수 있었고 토끼 똥만 보아도 건강 상태를 파악할 수 있었지요.
　토끼장에서 기르는 토끼도 있었고 땅속에 굴을 파 놓고 기르던 토끼도 있었는데 굴속에서 자라는 새끼들은 파악하기 쉽지 않았지만, 어느 날 주먹만큼 자라서 굴 밖으로 나오면 덤으로 얻은 것처럼 유독 기쁘곤 했었답니다.
　주로 잡종 토끼를 사육하다가 나중에는 뉴질랜드화이트와 친칠라 순종을 어렵게 구해 와서 준 전문성을 가지고 사육하기 시작했지요.
　초등학교 시절 100여 마리까지 사육했고 졸업 후에 틈틈이 농사를 지으며 300여 마리까지 키웠습니다. 앙그라토끼를 사기 위해 농촌진흥청까지 갔을 정도로 토끼는 건강하고 좋았습니다.
　털을 깎아서 무게로 팔기도 했고 나중에는 가죽이 몹시 부드럽고 좋은 렉스 토끼(당시에는 염소가격과 같았음) 순종까지 길렀습니다.

토끼는 사육비가 전혀 들지 않았어요. 풀은 동네에 지천이었으며 아침저녁으로 잠깐 관심을 기울여도 왕성하게 자라났지요. 토끼는 왕성하게 새끼를 번식해 주어서 소년가장이었던 우리 집 재산 1호였지요.

봄이 되면 토끼들 번식과 함께 내 희망이 하얀 토끼털처럼 소담스럽게 자라나서 배고프고 고단했어도 손아귀에는 힘이 넘쳤고 마음은 날아다닐 듯 부풀었습니다. 푸른 풀만 보아도 미래의 희망으로 세상이 전부 내 것처럼 득의만만했습니다.

14살 가을, 동네 이장님을 졸라 송아지까지 빚을 내어 기르기 시작했지요. 마침 외삼촌의 보증으로 쉽게 빚을 낼 수 있었어요. 그동안 토끼를 기르는 정성과 초식동물 사육 능력을 검증받은 상태라서 쉬웠답니다. 토끼가 사육도 손쉽고 밑천이 들지 않는 데 반해서 송아지는 판로가 만만하지 않았습니다.

앙고라토끼 털값과 가죽값은 국제시장에 민감해서 등락이 심했고 대량의 고기 판매가 쉽지 않아서 열여덟 나이가 되던 해에는 자연히 토끼 사육을 접었습니다. 자연스럽게 비육우용 소 몇 마리와 농번기에 밭갈이와 새끼를 낳는 모유용 암소 한 마리로 대체되었습니다.

어렵던 시절 토끼는 저에게 많은 희망을 안겨주며 청소년기를 아무런 탈 없도록 인격을 형성시켜 주었답니다. 성질의 온

순함에서 오는 안정감과 하얀색에서 오는 깨끗하고 맑은 정서와, 왕성한 번식력에서 오는 노력에 대한 보상감 내지 까닭 모를 폭발적인 기대감, 그리고 푸른 풀잎을 무한히 받을 수 있는 자연의 위대함 등등….

아마도 저의 마음에서 느끼는 풍요와 모나지 않은 정서는 그 시절 형성되지 않았을까 합니다.

무슨 일이든 매달리면 올인에 가까울 정도로 몰입하며 부지런히 세상을 헤쳐 나가는 법 또한 그때부터 습득한 습관입니다. 남에게 관대하지만 나 자신에게는 냉혈 할 정도의 날카로운 절제를 하게 되는데 어려움을 헤치고 나갈 때 최고입니다. 우유부단과 게으름은 지금도 정서에 맞지 않습니다.

저는 지금도 마음속에 토끼를 항상 키우고 있답니다. 특히 새싹이 파릇파릇하게 돋아나고 일조량이 풍부해지는 봄이 되면 몸살에 가까울 정도로 마음이 부풀어 오르고 세상 모든 걱정이 소멸하며 오직 희망과 사랑과 의욕을 지닌 채 살아갑니다.

봄이 되면 많은 계획을 수립하고 그것을 1년 내내 차질 없이 실천하며 에너지를 풍부하게 양산하게 됩니다. 모두 어린 날 토끼의 양순하고 하얗고 귀여운 토끼가 내게 준 선물입니다.

노후 준비로 시골에 자리를 잡고 나면 가장 먼저 토끼를 두어 마리 기르며 하얗고 경이로운 생명 번식(알 수 없는 행복이 여전할 것

같음)의 기쁨을 만끽하고 자연에 순응하며 순하게 살아갈 생각을 합니다.

세상이 약육강식에 몰입되어 있고 이념의 이기가 범람하면서 메마름이 넘쳐나 덩치 큰 저도 무섭기까지 합니다. 척박한 세상을 살자니 온순하게 사는 토끼 모습이 그리워 회상하며 적어보았습니다.

물론, 좋고 아름다운 일이 많아서 언제나 감동하며 열심히 살고 있지만 말입니다. 아름다운 꽃과 봄 햇빛, 싱그러워지는 봄날 풍요로운 삶을 경영하시기를 기원합니다. 저 역시 능동적이며 감성적인 예쁘고 멋진 삶을 꿈속처럼 살 것입니다.

몇 년 전 써 놓았던 글인데 봄을 느끼고 싶어 꺼내 봅니다. 예쁘던 동심은 무뎌지고, 투박해지고, 알 수 없는 이기의 고집만 날카로워지는 것 같아서 기이한 비애감도 적지 않네요. 그래도 어린 날 고운 정서를 놓치고 싶지 않아 이렇게 동심을 일깨워 봅니다.

바쁘고 마음이 고달픈 시절이 흐르고 있네요. 나 자신을 잃어버리고 사는 것 같습니다. 그래도 나를 일깨우는 따듯한 마음이 있고 별 같은 희망을 무한히 던져주는 초롱초롱한 사람들이 주변에 있어 행복합니다.

하, 수상한 시절은 곧 지나가겠지요. 옛글 하나로 안부를 전합니다. 더위 조심하시고 한번 사는 삶, 신나게 살아 냅시다.

염소와 사는 붕알 친구

　어제는 토요일, 추위 닥친 겨울 속에 내 친구의 염소들은 잘 있는지 궁금하여 영동을 가보기로 했다. 친구와 통화 속에 여섯 마리 임신한 염소 중 세 마리가 새끼를 낳았고 세 마리가 출산을 기다리는 중이라고 나를 꾀었다.
　나는 영동을 가기 위해 문의 IC를 타고 달리다가 보은 IC를 거쳐 국도를 벗어나 삼승면을 달리는데 하늘에 구름과 햇빛이 장관이었다. 친구를 찾아가는 나의 드라이브를 하늘에 구름도 아름답게 늘어선 채 모양 나는 멋진 그림을 장면마다 보여주었다.
　각종 괴물 얼굴이 숨은그림 찾기처럼 울퉁불퉁 숨어있다. 잠시 차(로시난테)를 세우고 훈초를 피우며 감상하고 찍는데 내 마음에 에너지가 구름광경처럼 울퉁불퉁 솟아올랐다.
　어느 고산의 능선에 눈발이 쌓여 있는 풍경이 장관이었다. 고산의 잔설에서 알 수 없는 풍성한 감성이 내게 쌓였다. 내 머릿

속에 담겨온 구름이다. 동행한 지인이 연신 감탄사를 자아냈다.

드디어 친구 집에 도착했을 때 친구는 영동곶감 축제 갔다가 돌아왔다. 그는 제일 먼저 염소들 저녁으로 갈무리해 둔 콩깍지를 수레로 퍼다 주는데 염소들이 아우성쳤다.

새끼염소들이 바람막이를 기대서 졸고 있다. 비슷한 모양과 색깔의 옷을 입은 듯 한배의 형제들이다. 나는 내 친구보다 염소들이 궁금해서 달려왔다. 친구는 뿌듯한 얼굴로 이야기했다.

"아직 출산을 안 한 임신한 염소가 세 마리 더 남았어."

친구는 어린 시절에도 염소를 잘 길렀다. 특히 숫염소가 있었는데 우리가 놀러 가면 마구잡이로 뿔질해대서 한동안 그 친구 집에 놀러 가기 힘들 정도였다.

친구는 염소가 나를 공격할 때마다 약 올리듯 웃으며 득의 만만함과 깨소금을 동시에 보여주었다. 아무튼 그는 염소로 꿈을 이루었다. 풍요로운 영동으로 귀농해서 염소와 재미있게 살고 있다.

영동은 곶감, 감, 호두, 포도 등등 특산품이 군 전체 마을에 골고루 생산되는 곳이어서 대체로 군 전체에 풍요로움이 있다. 건강한 먹거리가 다른 곳보다 많다. 친구도 그런 이유로 우리가 태어난 천등산보다 영동을 택한 것이다.

친구 부인이 정성껏 빚어 끓여준 만둣국과 돼지고기볶음으로 반주를 맛있게 먹으며 추억에 빠져들었다. 염소 키우기, 복숭아 서리, 건빵 서리 등

죽 쒀서 개 좋았던 일

초등학교 6학년 막 올라선 3월 초 천등산 골짜기에서 있었던 유년의 이야기이다.

나와 같은 마을에 살았던 A는 셋 중에 싸움도 가장 잘했고 특히 달리기를 잘했다. 매사 솔선수범하고 리더 역할을 했다. B는 우리 중에 키가 가장 작았으나 지혜가 많아 지혜를 제공하는 덕분에 일을 같이 저지르고도 언제나 혐의가 가벼웠다.

나는 이쪽저쪽을 잘 눙치며 곧잘 웃기곤 해서 나중에 입으로 밥을 벌어먹을 놈이라고 했었다. 다만 아쉬웠던 것은 아버지가 일 학년 때 돌아가셔서 집안일 하느라 셋이 노는 데 참여가 저조했고 조금 못된 거사를 감행할 땐 배후 조종처럼 뒤에서 망보기라든가 그런 것을 주로 했었다.

나는 겁이 많았다. 이유는 어머니께서 내 잘못된 거사들이 들통나면 아비 없는 후레자식이란 소리를 듣고 살아갈까 봐 몹시 걱정해서였다. 일부러 겁이 많은 척했다. 그때 이미 세상살이를 눈치로 제법 습득한 처지였다.

당시 우리 시골은 도시락 반찬도 변변찮은 벽지에서도 상급 벽지였고 학교에서는 건빵으로 급식했는데 그것이 우리에게 최고 인기 있는 먹거리였다. 나 같은 경우는 공부하러 가는 것이 아니고 건빵을 타러 가는 것 같았다.

점심시간에 건빵을 삼십 개씩 특권 가득한 반장이 나누어 주면 삼분지 일은 아껴가며 먹고 나머지 일은 집에 싸서 갔다. 나머지 일은 교실 바닥에서 지금의 바둑 알까기처럼 손가락 튕겨서 따 먹기를 했는데 거기에서도 실력에 따라 건빵을 딴 아이들은 집에 가져갈 몫이 많았다. 잃은 아이들은 건빵이 두둑한 놈을 따라다니며 구걸했다.

"내일은 다섯 개로 갚을 테니까 세 개만 빌려줘라."

우리 어머니께서는 우리 집 식량문제가 워낙에 심각해서 나의 두 동생을 건빵 때문에 한 학기씩 빠르게 입학시키고 다음 해에 정상으로 복귀시키셨다. 그만큼 건빵은 두메산골 살림까지 거드는 식량이었다.

당시 우리 학교는 마을에서 산꼭대기에 자리를 잡아 산판길 도로처럼 길이 엉망이었다. 산을 깎아 만든 길이라 경사가 심했다. 따라서 눈이 내리는 겨울에는 빙판이었고 초봄에는 언 땅 표면이 녹으면서 길이 연한 찰떡처럼 질척이고 미끄러웠다.

그 무렵 건빵을 실은 차가 학교에 왔는데 경사길에 접어들면 바퀴가 헛돌며 땅을 파 놓아서 결국 6학년 덩치들을 불러내어 뒤에서 밀어야만 올라갈 수 있었다.

셋이 함께 모인 겨울방학 어느 날 A가 고픈 배를 어루만지며 건빵 이야기를 끄집어내고 거사를 제안했는데 음흉하고 기대되는 일이었다.

즉시 우리 셋은 치밀한 모의에 들어갔고 실행 날짜만 손꼽아 기다렸다. 빨리 봄방학이 끝나기를 기다렸는데 드디어 새 학기가 시작되었다.

언 땅이 녹기 시작하던 어느 날, 5교시 종이 끝나자마자 선생님께서 덩치 큰 다섯 명만 지원해서 건빵 실은 차를 밀고 올라오라는 엄명을 내리셨다. 우리 삼총사하고 두 명이 더 지원했는데 당시 우리와 친한 아이들이어서 거사 진행에 문제가 없었다.

그날따라 행운의 도래처럼 짐차에 따라오던 조수도 없었다. 조수가 있으면 그르칠 공산이 컸고 계획이 수포가 되었을 확률이 높았다. 트럭 뒤 짐칸에는 건빵이 몇십 포대 정도가 실려 있었다.

우리는 뒤에서 영차영차 큰소리로 트럭을 밀던서 B를 차 짐칸 건빵포대 위로 올려보냈다. B는 운전사 몰래 세 포대나 마른풀과 솔 보디가(잔 소나무) 많은 산 쪽으로 날렵하게 집어 던졌다. 순식간에 감쪽같이 던져서 같이 밀던 두 녀석조차 눈치채지 못했다.

　A와 나는 다른 두 놈 옆에 바짝 붙어서 정신 못 차리도록 큰 제스처를 펼치며 차를 밀고 올라갔었다. B는 간덩이가 컸던 관계로 무려 세 포대나 길옆 숲으로 던져놓았다.

　그런 다음 학교를 파하고 집으로 돌아와 어둠이 들 때까지 왜 그렇게 시간이 더디 가던지. 당시에는 서리가 무슨 성장 과정에 거쳐야 할 의식이었고 또한 불문율이었다. 따라서 도둑질이란 죄책감 따위는 없었던 것이 그 당시의 정서였다.

　어둠이 먼 산골짜기에서부터 내려올 때쯤 우리 셋이 만나서 건빵이 기다리는 곳으로 갔다. 참으로 기대에 찬 시간이었다.

　한 포대씩 나누어서 혼자 몰래 먹으면 한 달가량 먹을 터였다. 그런데 문제는 있어야 할 건빵이 제자리에 없었다. 셋이 눈을 씻고 길 둑 옆 산을 오르락내리락하며 살살이 뒤졌지만 어디에고 없었다. 소나무 틈새에도, 마른풀 수북한 곳에도 없었다. 분명 세 포대를 던져 놓았었다.

　그렇다고 셋 중 한 명을 의심할 처지도 아니었다. 학교에서부터 줄곧 떨어져 본 적이 없었기 때문이었다. 혹시 모를 일이어서 함께 차를 밀었던 녀석들 집까지 찾아가 어둠 속으로 불러내어 은근슬쩍 떠보기도 했지만 모르는 눈치였다.

 다음날 등교하니 건빵 분실 사고가 우리를 기다리고 있었다. 혐의를 우리 셋에게 두고 담임께서 추궁하셨지만 우리는 완강하게 부인을 했다. 먹어보지 못한 건빵이어서 벌을 받기에 억울했기 때문이었다.
 다행히 운반 사고인지 하룻밤 보관 사고인지 확인 불가여서 혐의에서 벗어날 수가 있었지만 못 믿는 눈치였다. 그러나 건빵을 배급받을 때마다 어마어마한 분량의 건빵 생각이 떠올라 오래도록 쓰게 웃었다.
 멋진 도둑질을 해 놓고 건빵 구경을 못 했다. 나중에 밝혀진 일인데 동네 농사짓는 형들이 멀리서 우리가 훔치는 광경을 지켜 보고 수업을 끝내고 오는 사이 건빵 세 포대를 모두 싹쓸이 해 가져갔다.
 우리는 그것도 모르고 귀신이 곡할 노릇이라고 말하며 홀연히 사라진 건빵을 두고두고 아쉬워했다. 나중에 형들 짓임을 알고 쓰게 웃었다. 뛰는 놈 위에 나는 놈이 있다는 속담을 뼈저리게 학습한 사건이었다. 우리는 그렇게 자랐다.

 유년 시절은 즐거웠다. 닭서리를 하다가 똥통에 빠지고 오줌

세례를 받던 일, 겨울날 토끼몰이 하다가 총 들고 사냥하는 사람을 보고 놀라서 간첩으로 신고하던 일, 봄이 되면 새의 새끼들을 길러 날려 보내던 일, 여름이면 계곡 웅덩이에서 목욕하는 누나들의 옷을 감추던 일, 쥐치와 고양이고기를 토끼고기로 속여 친구들에게 먹이던 일.

  수많은 이야기가 속속들이 떠오르는 이름답던 시절이었다.

  오늘은 금요일 서둘러 버스 타고 서울로 향했다. 어젯밤 새벽 두 시에 귀가했다. 고객이 부르면 은하까지 간다는 나의 오랜 습관의 결과물이다.

  버스 안에서 여유로운 1시간 30분을 사색과 밀린 글쓰기를 했다. 사실 세파에 휘둘려 밥 먹을 시간도 없이 늦은 밤 자정까지 빡빡하게 살고 있다.

  가을이 지나가고 있는지조차 모를 정도이다. 유튜브와 블로그의 힘이 놀랍다. 어정쩡한 글도 중요하다는 것을 새삼 깨닫는다. 그리하여 버스로 이동하면서 나를 돌아본다. 잔잔한 서정의 감동과 깊은 가을 속의 향연은 잠시 미루어놓고.

당시, 오소리 한 마리 잡으면 로또 당첨 급의 행운

　나는 천등산 동쪽 골짜기 석천리 곰지기 마을이 있고 절반은 화전마을로 두세 가구씩 듬성듬성 산비탈을 차지한 채 10여 가구가 사는 동네에서 태어났습니다.
　아버지가 초등학교 1학년 봄에 돌아가셔서 소년가장이 되었고 화전 농사꾼이 되어 초등학교 졸업과 동시에 소로 밭을 갈았고 담배 농사도 거뜬히 하는 소년 농부였지요. 겨울이면 물거리 나뭇짐도 가지런하게 날랐고 또한 동물 사냥도 용의주도하게 잘했습니다. 골짜기 도랑마다 가재와 겨울 개구리를 잡는 것은 선수였고요.

　겨울에는 산토끼와 꿩도 잡았지만, 오소리도 한 해에 한두 마리는 꼭 잡았습니다. 당시 오소리 한 마리 쓸개는 오소리가 곰 사촌이라고 해서 귀한 웅담 대접받았지요.

충주에 사는 임자를 만나면 쌀 두 가마를 받고 팔았습니다. 농지가 없어 가난했던 내게 오소리 잡기는 겨울 한 철 큰 농사였지요. 쌀 두 가마니만 있으면 우리 집 반년 식량이어서 그 시절 오소리 잡기는 논 한 마지기 농사 그 이상이었어요.

천등산 줄기 행병골과 큰 도독골 사이 높은 골짜기 화전 밭에 오소리 미끼용 옥수수를 심으면 초가을 밤에 오소리들이 옥수수밭 알곡을 대각선으로 먹으며 내려오지요. 밭 가장자리를 자세히 살피면 오소리들이 늘 같은 길로 드나드는 길목이 보이고요. 잡풀 사이로 길이 반질반질합니다.
  그 길에 스프링 강한 쇠 덫을 땅에 파고 알맞은 깊이에 넣습니다. 냄새 안 나게 비닐을 먼저 덮고 흙을 다시 살짝 덮고 검부적지까지 덮어 길처럼 위장해 놓지요. 그리고 그 덫을 강한 철삿줄로 주변의 굵은 나무에 묶어둡니다.
  날이 새는 새벽에 집을 나서서 화전까지 가는데 달빛에 속아 너무 일찍 올라가다 보면 날이 밝아 오지 않아 중간에 담배를 피우며 날이 밝아 오기를 기다립니다.
  오소리 한 마리가 잡힌 날은 덫을 놓은 주변 일대가 강한 철삿줄 닿는 데까지 반들반들합니다. 나는 긴장하며 손에 든 묵낫을 꽂아 들고 접근합니다.
  잡힌 놈은 가장 날카로운 이빨을 드러내고 사정없이 내게 덤

비지만 나는 사정거리 밖에서 낫대가리로 수십 번 인정사정없이 때려야 놈을 잡는답니다. 그놈을 메고 내려오는 아침에는 기분이 정말 삼삼합니다. 쌀 한 가마니를 번 것이기 때문입니다.

오소리가 잡힌 밭 주변 골짜기 높은 데까지 뒤집니다. 오소리는 2, 3마리가 함께 살기에 반경 1킬로 내에는 굴이 분명히 있고 또 집단으로 한 곳에 변을 보는 습성이 있어 변 무더기를 찾으면 반경 300미터 내에 놈들의 굴이 반드시 있습니다.

첫눈이 오기를 기다립니다. 첫눈이 소복하게 제법 내려 쌓이면 다시 그 골짜기를 갑니다. 오소리가 들어있는 굴 입구는 굴 안의 오소리들 온기로 눈이 녹아 굴이 선명하게 드러납니다. 굴 안에 오소리들이 잠들어 있다는 신호입니다.

굴을 찾은 다음 날 일찍 토종 고춧대와 풍구, 괭이, 삽을 지게 소쿠리에 지고 점심밥까지 싸 들고 올라갑니다.

일단 굴 입구를 돌로 틀어막고 굴 바로 앞에 구덩이를 팝니다. 가장 힘든 노동이지요. 무 구덩이보다 깊게 파야 합니다. 1미터 50cm 정도 파고 굴을 막은 돌을 치우고 토종 고춧대를 굴속으로 태우기 시작합니다.

연기가 잘 안 들어가면 실패할 확률이 있어 풍구를 돌려 연기를 안으로 불어넣기 시작합니다. 토종 고춧대 연기가 매우므로 한 시간 가까이 불을 때다 보면 굴 안에서 놈들의 앓는 소리가 쿨럭쿨럭 들려옵니다.

그때는 파놓은 구덩이에서 나온 다음 굴 입구에 불 흔적을 모두 치우고 땅을 팠던 괭이를 꼬나쥐고 기다리면 놈들이 견디다 못해 튀어나와 구덩이에 빠집니다.

그때 도망치기 위해 튀어 오르는 오소리를 사정없이 내리쳐야 합니다. 구덩이에서 나와 달아나면 놓치거든요. 두 마리가 한꺼번에 튀어나오면 한 마리는 반드시 놓치고 맙니다. 오소리들은 매우 사납고 끈질겨서 머리통이 다 으깨져도 살아서 으르렁거립니다.

일단 죽이고 나면 낫으로 귀와 꼬리를 잘라 산 쪽으로 놓고 정중하게 절을 합니다. 산신에게 고맙다는 신선한 의식의 고사를 지내는 겁니다. 나의 안녕과 동네의 안녕과 죽은 오소리 영혼의 안녕을 빌어주는 거지요.

그렇게 오소리를 잡아 내려와 쓸개는 떼어 처마 밑에 걸어두고 고기는 동네 어르신들과 함께 잔치한답니다. 그리고 슬쩍 충주 시내 나가 건강원 여기저기 타전하면 며칠 내로 작은 웅담을 사러 임자들이 옵니다.

잘 팔면 쌀 두 가마, 못 받으면 쌀 한 가마입니다. 어쩌면 여름 내내 땀 흘리며 지은 농사보다 더 많은 수확을 건지기도 합니다. 저는 농지가 없어 일손 없는 집의 농지를 빌려 담배나 옥수수, 고추를 심기에 소득은 늘 빈곤했거든요.

나름 겨울 사냥은 내게 농사의 알찬 연장이기도 했어요. 사실 오소리 농사는 동물들에게는 용의주도해서 사냥을 잘하시는 동네 형에게서 제대로 배웠거든요. 토끼몰이도, 꿩 사냥도 잘하시는 형님에게 배웠거든요.

족제비를 잡아 가죽을 벗겨 파는 일까지 능숙하게 배웠지요. 당시에는 멧돼지가 없었는데 제가 지게를 팽개치고 나온 뒤 10여 년 지나니 멧돼지 출몰 소식을 들었지요.

이제 그 시절은 하나의 황금기 시절이 되었고요. 청주에 살던 젊은 날 산 동물 잡는 사냥 꿈은 길몽이 되었습니다. 꿈을 꾼 날에는 복권 당첨 같은 일이 생기거나 장사가 대박이 나기도 했어요. 좋은 징조의 일만 생긴 거지요.

그렇게 죄의식 같은 거 없이 거침없었는데요. 나이가 들고 세상 깊은 진리를 알아가고 생명의 존귀함을 체득하면서 후회가 밀려오기 시작하고부터 사냥을 꿈꾼 날은 속죄 의식이 영혼 깊은 곳에서 생겨나더랍니다.

무심천과 미호천의 고라니와 너구리, 오소리를 만나면 이유없이 좋아지고 신기하고 사랑스러워 오랫동안 놈들의 안녕을 비는 진심의 기도를 합니다.

만약, 내 젊은 날이 척박하지 않았다면 나는 친구들처럼 도시로 진학을 했을 거고 잔인한 사냥에 빠지지 않았겠지요. 지금은 그 시절에 대한 속죄로 대한민국 산하 유해 동물까지 사랑한답니다.

이제 대한민국 산하에 곧 호랑이가 출몰하리라는 생각을 합니다. 강원도 산길 도로를 탈 때마다 동물 영령들의 안녕들을 빌며 다닙니다. 그래서 산길은 급하게 달리지 않지요. 로드킬 하면 안 되니까요.

운전을 50년 가까이 하면서 딱 한 번 고라니를 치었어요. 절룩이며 산속으로 달아나는 것이 전부였어요. 얼마나 다행이었는지요.

그때 사냥당한 동물들에게 미안하다는 고백은 꼭 하고 싶었어요.

가을밤 그리고 커피 한잔

커피 한잔에 가을밤의 고요를 마신다….

고단한 인생살이의 여정을 고뇌하며
정갈한 가을밤 초연한 나만의 시간을.

진하기 이를 데 없는 아메리카노 얼음 커피에 녹여 함께
마신다.

마주 앉아 음악을 쏟아내는 사각의 창백한 노트북 얼굴과
내게 밀려드는 고요와 스며드는 고독이 마주한다.

그 사이로 바흐의 'G 선상의 아리아'로 흐르는 넉넉함과
코끝으로 와닿는 커피 향과 찻잔에서 느껴지는 상대적 고

독이 희석된다.

서러운 인생의 고단함과 질긴 악연들도 이 밤 무미건조한
커피 맛에 모두 잊는다

늘….
이럴 수 있다면….

이처럼 신경마저 고요한 밤에는
손끝에서 느껴지는 커피 한잔의 고독한 체온을
거창하기만 한 [삶]이라고 칭하고 싶다….

시간은 새벽으로 향하는 기차같이 느껴지고
나는 한 없는 고요를 커피에 타 마시며
그 맛을 일깨워 준 분위기를 그리워한다.
내 자정 지난 시간이 더 말똥거린다.

  낮에는 경기도 팔당호 강마을 다람쥐 식당에서 멋진 미모의 두 지인님을 만났답니다. 강마을 다람쥐 식당인데 도토리로만 짜인 힐링 식당이없어요.
  팔당호를 내려다보며 음미하는 도토리묵, 도토리 전, 도토리전병, 도토

리묵밥, 그리고 막걸리를 마시며 다람쥐 식사에 도취해 초가을의 그 아메리카노 블랙 같은 시간에 빠졌답니다.

 딸당호 하늘엔 구름 순이 들도 놀려고 와 있었고 백로와 청둥오리도 가을을 만끽하고 있었고 가을꽃에서 꿀을 따는 검은 나비도 있었고 무엇보다 꽈리가 모듬으로 여물고 있었어요. 그렇게 여린 가을이 강마을 다람쥐에 있었지요.

가을, 별 같은 소묘

지난여름이
풍요로운 잔치를 준비하느라
날마다 시간마다 폭염을 퍼부었어요
따라 제 마음도 자꾸 여유가 없었지요
봄과 여름을 뜨겁게 살고자 노력했지만
충실함이 2% 부족했기 때문이겠지요.

헛꽃과 이파리만 무성한 나무가 아니라
봄과 여름엔 보이지 않았으나
잎이 다 진 후에 보니
여기저기 충실한 열매 가득한
나무처럼
추운 겨울을 준비하기 위해

하루의 시간도 영혼을 말갛게 닦고
육신을 누이는 밤늦은 순간까지
별처럼 깨어 있고 싶은 소망으로 살았어요.
열정과 꿈은 유통기한이 없음을 증명하고자
폭염의 여름을 앞에 놓고
가장 치열한 도전을 던져 왔어요
무심하게 무심천을 걸었어요.
일에 미쳐 폭염조차 모르게 살아 내어

일의 결과를 수북이 쌓아놓고
가을에 풍요를 가득 담아 놓고 싶었지요
밤이고, 낮이고, 일요일이고
쪼개어 걸으며 가지 않을 수 없는
길을 위해 치열하게 보냈고 또 한편으론
느슨해지는 내 감성과 촉수들을 살려
하늘의 별을 세며 들꽃 따라 걸었어요.
마음에는 그리운 낭만이 살쪄왔고요

가장 아름다운 생애의 날들을 위하여
부족한 2%를 찾기 위하여
가지 않을 수 없는 길을 위하여

묵묵히 가을길 위로 걸어 나갑니다.

항상 아래 노래를 사랑하고 애용하다 보니까 이제는 딸들도 무척 좋아하는 노래가 되었답니다. 서정적인 목가적 풍경과 애절하게 들려오는 서글픈 곡조에 우리들의 감성이 잔잔한 호수에 빠져드는 것처럼 그런 곡이지요.
 이 노래를 들으면서 잃어버린 유년의 시절을 그리워하다 보면 센티하게 눈물이 글썽거려지는 감성적인 곡이지요.
 우리 가족의 가슴에 이렇게 애절한 서정의 감성이 있다는 사실에 깊은 공감을 하면서 추억을 남기는 여름을 가슴에 새겨봅니다.

원곡은 북아일랜드 오랜 항구도시 런던데리에서 불리던 이름다운 런던데리의 노래입니다.

> 아, 목동들의 피리 소리는
> 산골짝마다 울려 나오고
> 여름은 가고 꽃은 떨어지니
> 너도 가고 또 나도 가야지
> 저 목장에는 여름철이 오고
> 산골짝마다 눈이 덮여도
> 나 항상 오래 여기 살리라
> 아 목동아 아 목동아 내 사랑아

그 고운 꽃은 떨어져서 죽고
나 또한 죽어 땅에 묻히면
나 자는 곳을 돌아보아 주며
거룩하다고 불러 주어요.
네 고운 목소리를 들으면
내 묻힌 무덤 따뜻하리라
너 항상 나를 사랑하여 주면
네가 올 때까지 내가 잘 자리라….

쪼잔한 머리, 기억의 단편들….

　초등학교 3학년 때 일이었다. 친구와 둘이 놀고 있는데 식빵처럼 생긴 빵이 5개가 생겼다. 짝수가 아니라서 나누기가 곤란했다. 친구도 나도 서로 3개를 욕심냈다.
　친구가 먼저 2개를 집어서 포개 먹기 시작했다. 나는 1개를 집어 먹기 시작했다.
　1개를 먹으니 친구보다 훨씬 빨리 먹었다. 그리고 2개를 집어 포개 먹으면서 물어보았다.
　"2개를 한꺼번에 먹으니 맛있니?"

　내가 학교를 졸업하고 농사를 배울 때 일이다. 우리 앞집에 6살 된 귀여운 남자 꼬마 녀석이 있었는데 그 녀석 아버지가 천등산에서 캔 산삼 중에 실뿌리 하나를 떼어서 꼬마에게 먹이는 바람에 꼬마는 겨울에도 팬티 하나 걸치지 않고 알몸과 맨발로 동네를 쏘다녀서 동네 어른들에게 귀여움을 독차-지했다.
어른들은 꼬마를 만나면 이렇게 말했다.
"아이 그놈, 어디 불알 좀 보자."
대부분 이렇게 귀여움을 표현했다.
"그놈 불알 좀 까자."
짓궂은 데 일가견이 있던 나는 꼬마가 우리 집에 왔을 때 한나절을 특별 교육했다. 교육한 다음부터 어른들의 언어 성폭행은 사라졌다.
머리가 하얀 동네 할아버지가 사람 많은 데서 꼬마에게 망신당하고부터였다. 꼬마는 이렇게 되받아쳤다.
"큰 불알부터 봐요. 큰 불알부터 까유."

우리 동네 중간에는 커다란 정자나무가 있어서 여름철에는 항상 할아버지들이 모여서 바둑을 두거나 장기를 두고 막걸리는 마시는 곳이었다. 기억이 흐릿해서 때는 명확하지 않았지만, 저학년 어느 여름방학 때였다.
정자나무에는 말매미들이 많았기에 잡으러 가-니 할아버지들이 열 분 정도 계셨다. 매미도 안 울고 더위는 기승을 부려서 나도 그 속에 끼어서 오목판을 구경하고 있었다.
할아버지들이 하고 싶은 이야기들이(여자 이야기나 음담패설) 있었는데 나 때문에 못 하자 싱겁기로 유명한 훈장님 분위기의 할

아버지가 말씀하셨다.

"그놈 참! 개죽에 보리알 끼듯 앉아서…."

내 이마에 알밤을 살짝 때리셨다. 할 수 없이 나는 엉덩이를 털며 일어나서 한마디 던지고 그 자리를 빠져나왔다.

"그럼 보리알은 갈 테니까 개죽들끼리 실컷 놀아 보세요."

"너는 커서 입만 가지고 살아갈 놈이다…."

이 말을 참 많이 들었는데 공교롭게도 입으로 벌어 먹고산답니다. 그러나 사는 일이 바쁘다 보니 체력이 달리고 생각할 것도 많습니다. 하는 일에 경쟁사들도 많다 보니 그 많던 유머 감각도 잃어버린 채 살고 있고요. 걷기로 에너지를 되찾으니 유머 감각도, 노래와 음성도 다 함께 살아나고 있어 행복합니다.

그러다 보니 상상력도 살아나서 이렇게 손가락 자판으로 삶의 궤적들을 꿰어가는 일도 순탄하게 진행됩니다.

희망이고 드림이고 에너지의 원천으로 흘러서 희. 노. 애. 락 이라는 파고를 넘고 넘는답니다.

내 뚝 멋의 노래와 독서는 유년의 고독이었어요.

가난 속에 학교를 다니면서 공부는 못했지만 좋아하는 것은 많이 있었습니다. 친구들 공책 겉장 안쪽 빈 면에 그림과 만화는 도맡아 그리면서 무엇인가 받았던 기억도 선명하게 납니다.

그것이 빌미가 되어 만들기 대회에 우리 학교 대표로 뽑히던 일이라든가, 미술 그리기 대회는 맡아놓고 다녔습니다. 물론 제가 대회를 나가면 어머니는 내가 입고 나갈 옷을 빌리러 다니시곤 해서 어머니는 내가 뽑혀 나가는 것을 좋아하지 않으셨지요.

또 동요 부르기 대회가 충주 어느 학교에서 열리면 항상 목소리 때문에 오디션에서 뽑히기는 했지만 만들기나 그리기, 또는 글짓기와 겹쳐서 대회가 함께 진행되는 관계로 한 번도 동요 부르기는 나가지 못했습니다.

일단 노래는 여러 사람 앞에서 부르는 일이기 때문에 걸맞은 옷을 빌려 입을 수 없는 것이 가장 큰 이유였습니다. 글짓기나 만들기 또는 그리기는 깨끗하게 입기만 해도 되는 거였지요. 상도 가끔 타 왔었지요. 사실 공부로는 상을 타거나 뽑혀 다닌 적은 없었습니다.

초등학교를 졸업하고 고된 노동 속에 살면서 그림이나 만화는 다 잊어버렸고 늘 생활 속에서 듣고 불리는 노래들, 유행가와 흘러간 노래는 섭렵에 가까울 정도로 외워 버렸습니다.
 지게를 지고 힘든 일을 할 때도 천등산 골짜기가 쩡쩡 울리도록 노래를 불렀지요. 동네 어른들도 제 목소리 하나는 인정해 주었지요. 그때 외워 둔 유행가 가사와 동요 가사 때문에 요즈음도 노래방 화면을 안 보고 반나절은 버틸 자신이 있을 정도였지요.

청소년 시절 시골 친구들이 모두 중학교와 고등학교로 진학해서 공부하는 데 나는 힘에 부치는 많은 노동량이 요구되는 담배 농사에 빠져 덜 여문 젊음의 진을 다 빼먹고 있었습니다.
 뜨거운 여름날 담뱃잎 열기로 가득한 밭이랑에 들어가 담배 열기와 지열 속에 담뱃잎 채취는 최고의 고통이었습니다. 다들 저보다 어른들이 그 일을 했고 저만 어렸습니다. 그것도 가장 더운 7월과 8월에 집중된 일이었지요.

열기와 뜨겁고 고통스러운 노동을 잊기 위해 담배를 따면서 부르는 노래는 고통의 도피처이자 하루의 위안이었지요. 같이 품앗이로 일하시던 어른들이나 형님들도 지루하다며 내가 침묵하면 요청하시곤 했을 정도였으니까요.

상황이 어렵다고 비관하거나 어머니에게 짜증이나 투정을 부리며 반항을 했던 적이 별로 없었습니다. 처한 현실을 받아들이며 밤마다 미래의 꿈을 꾸고 남보다 두 배 바쁘게 살아야 한다는 사명을 형성한 것도 모두 그 시절이었지요.

지금 돌이켜 생각해 보면 중학교로 진학하지 못하고 흙에 파묻혀 살던 그 시절에 형성한 감성이 참 좋았다는 생각입니다. 천등산의 절경도 내 인격 형성에 한몫했고 산에서 발원하여 흐르던 골짜기 냇물도, 밤마다 마주하며 아름다움을 주체 못 하던 달밤의 오묘한 감성 덩어리들도 그 시절 형성되었습니다.

봄마다 난춘이나(맹금류의 일종) 멧비둘기 새끼를 내려다 길러 날려 보낸 일, 동네 청년들의 연애편지를 무수히 대필해 주던 일, 과일 서리에서 닭서리까지 하며 퍼마시던 술, 올무를 만들어 사흘 동안 노루를 쫓아다녀 끝내 생포하고 득의 만만하게 산에서 내려오던 일, 오소리 굴 앞에 구덩이를 파고 고춧대를 태워 오소리를 잡던 일, 쥐를 몇 마리 잡아 껍질을 벗기고 토막

내어 토끼나 꿩고기로 둔갑시켜 술과 함께 친구들에게 먹이던 일, 시골 특유의 인심과 능력과 실력 이전에 연장자순으로 존중하며 내려오던 마을 일들….

  이러한 일들 속에 많은 인격과 정서를 배양했던 시절이었지요. 물론 잊은 것도 많지만 습득의 부분이 참 많았던 시절이었지요.

  지금, 많은 돈은 벌지 못했지만 앞으로 기회가 남들보다 많은 사람이고 보면 참 행복한 사람입니다. 그래도 줄기차게 불렀던 노래도 잊지 않고 꿈을 찾은 듯 부르고 있고 좋아하는 책도 여전히 사서 보며 풍요로운 시간을 경영해 가고 있습니다.

  이제는 걷기에 불이 붙어 아름다운 세상 구석구석 걸어 다닐 준비에 빠지니 걷기 예찬 전도사가 된 셈이지요. 건강도 다시 젊은 날로 회귀하는 삶이니 모든 것이 넘치는 삶이 되었네요. 그런 일을 이렇게 글로 쓰니 자연히 글쟁이가 되었고요.

  아름다운 세상을 걸으며, 아름다운 음악과 노래도 꾸준하게 진행하고 노력하여 유년의 고독을 멋지게 꽃 피우렵니다. 그리고 영원한 드림 마니아의 삶을 구현해 갈 것입니다. 그것이 나의 가야 할 길임을 신앙해 갈 것입니다.

깊은 손맛의 여동생, 깻잎과 콩자반

오늘은 제천에 사는 여동생이 여름내 농사지은 햅쌀 두 자루와 각종 생산물을 가져가라고 해서 아내와 함께 갔다.

애호박 서너 개, 고구마 한 상자, 파, 총각김치용 무, 그리고 내가 가장 좋아하는 동생 특유의 콩자반, 깻잎장아찌를 실어주는 거였다. 유독 음식솜씨가 좋아서 콩자반은 타의 추종을 불허한다.

"네가 콩자반, 깻잎 반찬 만들면 내가 유통을 책임질 테니 한번 해 보자."

내가 보챌 정도로 동생은 손맛이 좋다. 특히 #콩자반은 이제 먹어보기 힘들다. 도시에서 검은콩을 삶아서 만든 콩자반이 있는데 나는 어릴 적 시골에서 어머니가 간장에 졸여서 만든 짭짤하고 뒷맛이 고소한 노란 콩자반을 더 좋아한다. 동생이 어머니와 똑같이 만든다.

특히 콩자반이 당뇨 치료에 좋다는 글을 읽은 적이 있어 유독 좋아한다. 그것을 동생이 알고 두어 됫박 콩으로 내가 한 달 정도 먹을 양을 만들어 준 것이다. 내가 동생한테 만드는 법을 꼭 배울 생각이다.

당뇨 환자도 많고 콩자반은 국민 반찬으로 잘 어울린다. 오래 질병 없이 건강하게 사는 것이 화두인 세상이라 동생의 실력이면 대박도 가능하다. 그런 동생이 여섯 살 때도 요리했었다. 그때가 떠 올라 눈물 속에 그려본다.

다시 기억에 들어가 시린 이야기 하나를 끄집어내어 본다. 무슨 글을 쓰든 유년의 흉터들을 꺼내지 않고는 글을 쓴다고 하기가 두렵고 또 나의 글쓰기 습작에 완성을 기하기 위함이니 이해를 바란다.

앞으로는 아프고 시린 기억보다 훈훈하고 재미있는 이야기가 주류일 것 같다. 그다지 과거 지향 주의자는 아님을 밝힌다. 마음에 응어리도 아니다. 성장기의 응고된 흉터를 정리해 두고자 한다.

15년 전 산과 들이 바짝 마르던 봄날, 동해에 낙산사까지 잡아먹던 산불, 그 산불을 보면서 저는 초등 1학년 시절 겨울이 떠올라 와서 몸서리를 쳤다.

　이 세상에 화마처럼 무서운 것이 없다는 것을 이미 어린 날 아버지가 돌아가신 1학년 방학, 첫겨울에 몸서리치도록 여동생과 함께 무서운 경험을 했다.

　여동생이 6살에서 7살로 올라가던 때였다. 혹독하게 춥던 겨울 이야기이고 그 일과 함께 여동생의 기구하고 고생스러웠던 삶이 생각난다. 지금 생각해 보면 상상이 되지 않을 엄연한 현실이었지만 차마 믿어지지 않는 사실이었다.

　겨울방학이 시작되고 얼마 지나지 않은 몹시 추운 날이었다. 찬 바람이 불어오고 마음마저 시려오면 연약하셨던 어머니는 몸져누우셨고 아버지가 안 계신 우리 집은 아궁이에 땔 나무가 한 아름도 없었다.

　방바닥은 차디찬 냉골이었지만 땔감을 해 올 사람이 없었다. 냉골의 방에서 끙끙 앓으면서도 어머니는 땔감 걱정에 한숨을 연신 토해냈고 우리 집 커다란 아궁이는 우리만큼이나 배가 고파 큰 입을 딱 벌리고 있었다.

　어머니에게는 앞이 보이지 않는 캄캄한 세월이었고 나는 갈퀴질로 엉성하게나마 솔잎과 낙엽들을 긁어와 땔감을 이어가던 혹독한 겨울이었다.

칼바람이 몹시 차게 불어오던 날, 끝내 우리 집에는 땔감이 떨어졌고 나는 여동생을 데리고 집에서 얼마 떨어지지 않은 앞산으로 땔감 나무를 하러 갔다. 물론 유품 같은 아버지 지게를 키가 작아 질질 끌며 갔다.

아버지의 단 하나 유품이 지게와 낫이었다. 바람은 세차게 불었고 장갑도 없어 손이 견디기 어렵게 시렸다. 동생은 추위에다 울상이었다. 몹시 추워서 동생에게 집에 가서 성냥을 가지고 오라고 시켰다. 언 손으로 나무를 할 수가 없었다.

산자락에서 약간 벗어난, 누린 금잔디가 듬성듬성한 밭둑을 택해서 불을 붙였다. 언 손을 녹이던 것도 잠시 휙휙 부는 바람에 삽시간 불은 빨간 혀를 날름거리는 마수가 되어 사방으로 번졌고 놀란 우리 남매는 옷을 벗어 휘둘렀지만 빨간 화마는 마른나무 가지들을 날름날름 잡아먹으며 휙휙 산으로 번졌다.

우리는 불을 끄다 말고 너무 무서워 그만 불길을 피해서 엉엉 울었다. 고사리손으로 불을 끄기에 역부족이었다. 불은 산으로 번지며 기세등등하게 타올랐고 얼마 지나지 않아 연기를 본 동네 사람들이 몰려왔다.

한 시간 정도 지나자 조그만 앞동산 하나를 집어삼키고 사람들의 힘에 불은 꺼졌다. 화마의 공포와 어른들의 질책이 무서웠던 나는 훌쩍이며 울기만 했다. 누군가 내 주머니에서 성냥을 뺏었다.

어른들은 내가 가지고 간 아버지의 지게와 낫, 그리고 그을음과 눈물로 범벅이 된 내 얼굴을 바라보면서 누구도 야단치지 않고 혀를 차기만 했다. 명백한 화인의 주인공이었지만 입을 떡 벌리고선 우리 집 현실이 보여서 그런지 야단을 치지 않았다.

그리고 추우니까 빨리 집에 들어가라며 웃옷을 벗어 입혀주는 어른까지 있었다. 그러나 나는 그냥 훌쩍거리기만 했다. 날은 어두워 오고 있었고 냉골에 누워계신 어머니와 막내, 네 살짜리 남동생 얼굴만 떠오를 뿐이었다.

문제는 춥고 시린 오늘 밤, 우리 집의 안방은 꽁꽁 언 냉골이 될 게 뻔했다. 어머니는 연신 기침을 토하며 끙끙 앓으실 터였다.

어른 한 분이 내게 부드럽게 말씀하셨다.
"아니 얘야, 오늘 혼낼 사람은 아무도 없다."
그래도 난 돌아갈 수가 없어서 울면서 말했다.
"오늘 집에 땔 나무가 하나도 없단 말이에요."

산불사건 이후 며칠이 지나자 마을 어른들이 하루씩 시간을 내어 내가 태운 앞동산의 죽은 나무를 톱으로 잘라다 장작으로 쪼개어 헛간에 쌓아 주었다. 장작으로 1, 2년은 걱정하지 않아도 될 엄청난 양이었다. 정말이지 그해 겨울은 따듯했다.

 겨울 아침이면 나는 졸린 눈을 깜박이며 장작불을 지폈고 철부지 여동생은 보리쌀을 씻어 밥을 했다. 태우고 질고, 엉망이었지만 나와 남동생은 잘 먹었고 어머니는 항상 안쓰러운 얼굴로 밥을 뜨는 둥 마는 둥 하셨다.

 6살 아이가 한 밥이었는데 정말 잘했다. 그것은 지금도 이해가 안 간다. 6살 여동생이 밥을 했다는 것. 그러나 기억은 분명히 엄연한 현실의 기억이다.

 그해 봄 어머니는 병석에서 일어나셨다. 그런 어머니에게 동네 사람들이 찾아와 먹을 것도 없는데 여동생 하나는 남의 집으로 입양시켜 보내라고 매일 말했다. 입 하나는 줄여야 하지 않느냐는 거였다.

 앞날이 캄캄했던 엄마는 기어이 결정하고 말았다. 입을 하나 줄이는 것이 아들 둘을 살리는 거라는 말에 결정 굳히신 거였다. 그리고 내가 학교에서 돌아온 어느 봄날, 여동생은 집에 없었다. 도시의 어느 부잣집에 양녀로 갔다는 거였다.

 그날부터 다시 어머니는 앓아누웠다. 딸이 보고 싶다는 거였다. 그럴 때마다 여동생을 데리고 나간 마을 아저씨는 남은 자식들이나 걱정하며 살라고 설득했지만 허사였다. 어머니는 밤마다 여동생 입양을 소개한 아저씨네 집을 찾아가서 딸을 데려오라고 고래고래 소리를 질렀다. 그렇게 한 달을 미쳐 돌아다니시다시피 하니 동생은 집으로 돌아왔다. 동생은 우리 집에서 알록달록한 고운 새 옷을 입고 있었다.

나는 동생들만 생각하면 마음이 아프다. 내가 잘되면 아버지처럼 잘해 주고 싶었는데 쉽지 않았다. 지금 동생들은 나보다 잘살고 있으니 걱정이 덜 되지만 오빠로서 걱정은 여전하다.
여동생이 고사리손으로 쌀을 씻었던 때가 떠 오르면 마음이 아리고 눈물이 고인다. 이렇게 여동생 이야기를 털어내면서 유년의 아픈 가정사는 줄인다.

현재와 미래의 재미있는 감동적인 이야기들을 많이 쓸 거랍니다. 이제는 사랑 그리고 행복에 걸맞은 이야기를 쓰며 이 세상을 사랑하렵니다.

걷기 시작하면서 걷기 예찬론에 푹 빠졌으니 걷는 이야기가 주류가 될지도 모르겠어요. 산티아고 순례길 도전기도 쓸 것이고 무심천의 여름을 쓰면서 드러나는 가난한 가장의 세상살이도 조금 더 남아 있지요.

황금기 시절이 있었다. (버킷리스트의 하나)

　가을에 하게 될 강의 자료를 만들려고 사진첩을 뒤적이다 보니 2001년 11월 호주 북부 도시 케인스에서 번지 점프하던 사진이 나오네요.
　마흔이 되었을 때 지인님 열두 쌍이 모여 함께 번지 점프를 도전했어요. 지금은 돈을 주어도 못 할 것인데 그때는 당당하게 뛰었어요. 제 인생에 많은 버킷리스트 중의 하나였지요.
　그때를 기준으로 삶이 제법 날아올랐던 것 같네요. 이제 저렇게 활발하게 놀던 시절은 다 지나갔을 것 같은데 마음은 여전히 어디론가 날아오릅니다. 제 꿈은 아직도 푸른색입니다.

　오십 미터 높이에서 뛰는데 무게가 110킬로가 넘는다고 밧줄이 다르답니다. 무게 때문에 차별받아서 먼저 뛰거나 아니면 맨 뒤에 뛰어내려야 한답니다. 그래서 제가 제일 먼저 뛰어내렸어요.

  이십여 명이 점프대에 올라가서 하얗게 질려 있는데 매도 먼저 맞는 것이 좋다고, 속으로 상당히 떨렸지만 마치 시범을 보이는 조교처럼 과감하게 뛰어내렸어요. 아내도 같이 있었습니다.

  발이 지지대에서 떨어지기 전까지가 겁나고 두렵지, 떨어지고 나니까 해 냈다는 안도감과 박하 향 같은 흐열감이 전신을 감전시켜 주더랍니다.

  그때 희열이 떠오르며 지금의 걷기와 산티아고 순례의 도전에 도움이 될 것 같아서 마음을 다질 겸 사진을 봅니다. 줄을 매며 준비하는 얼굴에 긴장이 서려 있네요. 제가 뛰고 나면 열 명 정도 따라서 뛰어야 하거든요.

  속으로는 긴장 속에 떨면서 저를 바라보고 있고요. 저도 내심 떨면서 아닌 척 준비하는 거랍니다. 먼저 맞는 매가 덜 아픈 거 아세요? 어차피 맞을 매를 보는 만큼의 공포가 사실 더 무섭거든요. 급한 성격 탓이기도 하고요.

  내가 뛰고 나니까 바로 뒤따라 아내가 뛰어내렸어요. 야! 겁도 없이 어떻게 뛰었느냐고 물으니까 대답이 걸작입니다. 애 낳는 일이 순 까무러칠 일인데 이건 아무것도 아니더랍니다.

뭐든 까무러칠 정도로 덤비면 다 된다고 합니다. 아내 말에 감동했습니다.

12명 부부 중에 남자들 4명만 못 뛰어내리고 그의 부인들은 모두 뛰어내렸답니다. 그때 못 뛰어내린 남자들은 지금도 귀가 가려울 때가 있답니다. 이상한 주홍글씨가 되었습니다. 재미있는 것은 번지점프장에서 무게가 많아 줄 끊어진다고 차별하는 것이었어요.

해외여행을 자주 가는데요. 말을 타야 하는 여행코스는 미칩니다. 안 타자니 혼자 놀아야 하고 타자니 동물 학대가 되니까요. 사실 제가 타는 말이 스트레스받는다고 관리자들이 말을 하거든요. 이제 몸무게를 두 자리로 줄이면 조금 나을 겁니다.

올해는 5번의 여행 중 팔라우를 개인 제트 비행기로 허준을 열연했던 전광열 님과 다녀왔습니다. 정말 짜릿했습니다. 개인 제트기로 직항하니 편하고 좋았습니다. 팔라우 아름다운 신들의 섬이었습니다.

또 하나 동부 지중해로 크루즈 여행이었습니다. 산토리노 아테네 터키의 보드룸과 미즈노스, 그리고 지중해의 노을, 성인 고급 버진 크루즈는 정말 좋았습니다. 그래서 내년에 일을 저지를 계획을 세웁니다. 버킷리스트는 이탈리아 베네치아와 오로라입니다.

  내년 2025 여름에는 중부 지중해를 갈 예정으로 함께 할 지인들을 모집 중입니다. 비용이 아주 저렴합니다. 제가 다녀온 블로그 글로 사람들의 요청이 들어 왔답니다.
  이번에는 중부 지중해입니다. 그리고 가을에는 북유럽 크루즈로 영국 노르웨이 오로라 여행을 기획 중입니다.
  버킷리스트 두 개를 2025년에 실행합니다. 오로라에 대한 것은 오래되었지요.

2부

하얀 종이배의 꿈

중학생이던 둘째 딸과 술에 얽힌 이야기

　나는 소주이든, 막걸리든 술을 참 좋아하는 애주가이다. 하루 일을 마치고 귀가하여 저녁밥과 함께 마시는 두 잔의 소주 두 잔 반주를 특히 좋아한다.
　가끔 회식이 있어 밖에서 마실 때도 종종 있지만 절대로 폭음하거나, 취해서 시비를 걸거나 흔들리는 법은 없다. 다만 기분이 좋으면 늘 즐겨 부르는 노래를 흥얼거리는 정도다. 그리고 조금 과하게 마셨다 하면 바로 잠드는 습성이 있어서 주사가 전혀 없는 편인데 담배를 끊고 술 마시는 횟수가 많아지고부터는 몸무게가 걷잡을 수 없게 늘어나니까 식구들이 걱정하기 시작했다. 드디어 몸무게가 116kg~119kg 3자리를 놀랄 정도로 훌쩍 넘었기 때문이다.

　저녁 반주로 마시는 술은 하루 동안의 피로들이 녹아 풀어지고 밤에 경영을 준비하는데 묘한 안정감을 준다. 책을 보고 식구들과 장기와 오목을 두고, 재미있는 TV 보고 인터넷 카페에 댓글 달기와 글을 쓴다. 물론 책 읽기와 음악 공부도 한다. 밤 또한 낮만큼 중요한 일과가 된다. 그러한 시간에 에너지가 되어 주는 것이 바로 저녁 밥상에 있는 2~3잔의 반주이다.

집에는 항상 소주가 몇 병은 있다. 그런데 이제 중학교 1학년인 둘째 딸이 심하게 잔소리한다. 아내는 대체로 내가 술 마시는 것에 관대한 편인데 둘째 녀석이 심하게 참견하기 시작했다.

아빠의 건강을 위해서 어쩔 수 없다면서 노골적으로 반대한다. 워낙에 귀엽게 참견해서 요즈음은 살살 눈치를 보며 마신다. 밥상에 술병만 보여도 알코올중독이 다 되었다며 사흘 건너 한 번씩 마시는 것은 봐준단다. 그리고 술병을 감추기도 했다. 그때 내가 술을 찾으러 다니면 꾸짖었다.

"저 봐, 이제는 중독성이 심하다니까…."

제법 심각하게 받아들이지만 나는 지극히 건강한 애주가라고 항변하면, 아빠의 건강은 곧 가정의 건강과 사회건강, 국가 건강으로 직결된다며 만에 하나라도 건강에 이상이 생기면 안 된단다고 아주 완고한 반대를 한다.

완강해서 저녁 밥상에서 일주일에 두 번만 마시기로 협상했다. 그러나 그것은 힘든 거였다. 나는 지친 날개로 돌아오면 딱 두 잔의 술이 내 의식들을 반짝이게 해 주기 때문이다. 그러나 며칠이 지난 저녁 밥상에서 사단이 나고 말았다.

술을 먹지 말아야 하는 날, 늦게 돌아와 혼자 밥을 먹게 되었다.

아내가 밥상을 차릴 때 둘째 딸이 몰래 물컵에다 얼른 소주 2잔 정도 따라 주었고 나는 물컵처럼 놓고 밥을 먹으며 편안하게 술을 마셨다. 전에도 몇 번 그렇게 마셔도 들키지 않았다.

둘째 딸이 오늘은 감시해야 한다며 슬쩍 밥상을 둘러보며 안심하는 눈치였다. 그러다가 목이 마른 지 무심코 내 물컵을 들이마시다 혼비백산했다. 나는 움찔하고 놀랐다. 워낙 순식간에 벌어진 일이었다. 녀석은 벌컥 들이켠 소주 맛을 헹궈내며 말했다.

"아빠, 이렇게 나를 속인 거야? 아빠가 어쩜 이렇게 용의주도하게 가장 사랑하는 딸을 속이는 거야?"

한동안 속사포를 날리는데 할 말을 잃었다. 앞으로 사흘이 아니라 일주일에 한 번 정도만 허가한단다. 그러면서 단단히 삐져 장기나 바둑을 두자고 해도 말을 안 하고 무시를 해 버렸다. 아빠에 대한 딸의 지극한 사랑을 무시하고 약속도 못 지키는 가장을 믿고 따르기가 힘들다는 이유였다.

그때 녀석이 풀어지는 데 상당한 시간이 걸렸다. 그러고 나서 나의 저녁 밥상 위 소주의 행복을 일주일에 한 번으로 줄였다.

이제 둘째 딸은 대학교를 졸업하고 직장인이 되고 결혼할 때가 되었다. 자주 만나는 남자 친구도 생긴 모양이다. 나를 닮아 초긍정의 사고를 하고 있다. 어쩌면 나보다 더 긍정적이다.

딸들을 위해서 건강을 돌보아야 하는데 나이가 드니 알게 모르게 몸 전국이 삐걱거린다. 이제 녀석들과의 시간도 얼마 남지 않았다. 둘 다 시집갈 마음의 준비를 하고 있다.

어느새 딸들이 결혼을 꿈꾼다.

가을이 물들어가는 시월 어느 날

　임긍수 작곡가의 '강 건너 봄 오듯'을 가곡 사랑 음악회 무대에서 보았습니다. 시월 들어 분주하고 정신이 없어서 노래 연습을 못 하고 음악회에 참여했습니다.
　송길자 시인님의 아름다운 시가 가곡으로 탄생한 노래, 곡조도, 시어도 아름다운데 연습도 못 하고 단 하루 남겨두고 부르려니 노랫말이 완전히 입력이 안 되어 조마조마한 심정으로 무대에 올랐습니다.

　청중들 모두 프로 아마의 성악가님 50명 앞에 서니 하늘이 노래지더랍니다. 가사 걱정하며 부르다 보니 긴장하고 가사를 틀렸습니다. 박자와 높이 올라갈 곳을 놓치고 음정마저 틀렸습니다.
　뭐, 그래도 아가랑 아트홀에서 올려주셨네요. '시월을 강 건너 봄 오듯이' 그렇게 저는 겨울을 건너뛰어 봄을 불러 보았습니다.

이렇게 한 발 한 발 나아가고 있습니다. 11월에는 저의 휴대전화 컬러링인 '아리아 공주는 잠 못 이루고'를 플라시도 도밍고 풍으로 도전해 볼 생각입니다. 하루 한 번씩 연습해서 루치아노 파바로티 음역까지는 아니어도 저의 높이 이상으로 올려 볼 생각입니다.

이제 가을비가 그치면 냉랭한 겨울이 도래하겠지요. 치열하게 살고 있습니다.

하얀 종이배의 꿈

하얀 종이배의 꿈…. 드림 마니아 '정병국' 노래

　초등학교에 다니던 저학년 시절, 봄날 모내기할 때면 신작로 길옆에는 아랫녘 논으로 흘러가는 봇도랑이 있었다. 모내기를 시작하기 전이면 어른들은 그 봇도랑을 손질하여 물이 도란도란 낮은 논바닥으로 흘러가게 하였다.
　봇도랑에 물이 흐를 때면 우리는 종이배를 접어서 띄우거나 수수깡 껍질을 까면 그 속에 하얀 속이 남는데 하얀 것을 엮어서 배를 만들어 띄웠다. 지금 생각해도 배 놀이는 학교를 오며 가며 봄날 놀이 치고 최고의 놀이였다.

　물살에 기우뚱거리며 흘러가는 모습을 따라가며 보는 것은 커다란 의미가 있었다. 그 자체의 재미도 있었지만, 도랑물 저

어딘가 끝까지 따라가면 우리가 경험하지 못한 미지의 세계가 어마어마하게 존재하리라는 생각이 강했기에 엄청난 호기심이 함께 떠내려갔다. 호기심과 진지함이 중요하게 작용했다.

그 당시 나는 미지의 세계에 대한 동경이 강해서 산 너머 저 뒤에는 무엇이 있을까? 마을 앞에 나가 냇가를 바라보면 냇물은 아래쪽으로 한참 구불거리며 흘러가다가 산자락 뒤로 뱀처럼 꼬리를 감춰서 그 아래쪽으로 궁금한 게 많았다.

어머니에게 여쭈어도 속 시원하게 대답해 주지 않았다. 물은 흘러서 강으로 가고 강은 흘러서 바다로 가는 것은 사회 시간에 배워서 알고 있었지만 직접 따라가 보거나 경험한 것은 없었다.

다만 세상에 대한 것은 학교 입학 전에 아버지가 나를 데리고 서울 창경궁 동물원 구경과 회전목마를 태워 주던 정도와 아버지가 입버릇처럼 말씀하신 아버지의 이북, 고향 정도 들어서 알고 있었다.

아버지는 초등학교 1학년 봄에 돌아가셨다. 그러니 바깥세상은 호기심 투성이었고 알고 싶음을 어쩌면 종이배를 띄우는 것으로 대신하는 거와 마찬가지였다.

나는 물 따라 얼마 못 가서 젖어 풀어지는 종이배를 수수깡

배 보다 더 좋아했다. 종이배를 접기 전 공책에 내가 꿈꾸는 소망을 그리거나 써 놓고 접어서 띄우는 것이 무척 좋았다.

종이는 물에 젖어 흐늘거리며 금방 가라앉지만 내가 소중하게 적은 꿈은 물살을 따라 냇물로, 강으로, 바다로 흘러가 무형의 배로 떠다닐 것이기 때문이다.

천등산 두메산골 한 집안의 가장이어서 중학교 진학은 꿈도 못 꾸고 그저 식구들 연명과 두 동생 뒷바라지로 14살 때부터 날품을 팔았다. 그래도 파란 꿈이 있어 힘든 줄 몰랐다.

더러 일이 고단 할 때 청아한 목청으로 시골이 떠나갈 듯 큰 소리로 노래를 부르면서 내 밑바탕에 깔린 희망을 잃지 않았다.

어려서 힘들었던 시골의 지게질이나 밭갈이로 유년 자체가 짓눌려 갈 때 노래가 동무였고 밤에는 읽을거리의 독서가 유일한 낙이었다. 독서는 사춘기를 거치는 내게 꿈을 형성해 준 거였다.

그 시절 꿈들이 지금 희미하긴 하지만 동화책으로 만난 톰 아저씨의 미국 남부와 엄마 찾아 삼만리의 이탈리아 그리고 아르헨티나, 소공녀 소공자의 유럽과 성서 이야기의 중동 등은 인식하고 있었기에 꿈도 많았다. 그리고 나는 어느 곳이든지 가 보고 싶었다.

그때부터 접은 종이배 띄우기가 매우 흥미 넘치는 일이었다.

그렇게 드림 마니아의 소질이 농후했다. 자연스레 꿈과 포부는 원대해져서 가끔 천등산 정상에 올라가 먼 곳을 오래도록 살펴보며 호연지기도 키웠다.

산 너머에 또 산만 보였고 그 뒤로 흐린 산들의 준령만 있어서 가슴을 모두 채우지 못했다. 그때 난 천등산 정상에 섰으므로 천등산 봉우리보다 내가 내 키만큼 더 컸다. 따라서 내 꿈도 천등산 높이보다 더 컸다.

나중에 18살 되던 추수를 끝낸 가을날, 어머니에게 말하지 않고 집을 뛰쳐나와 무전취식으로 노동을 팔면서 제주도를 향해서 무작정 남부로 내려가기도 했는데 일본으로 밀항선을 타기 위해서였다.

15일 동안 정확하게 목포까지 갔다. 열여덟 살 때의 일이었고 나는 국제적인 거지를 희망하며 밀항을 시도하기 위해 갔던 것이다. 그런 일을 도모했던 것은 독서로 만난 안문젠과 스콧, 힐러리와 텐진, 콜럼버스 등을 읽으면서 그들을 동경해 마지않아 그렇게 무서운 꿈을 도전했는데 그것은 종이배를 띄우고 놀던 그때부터 싹이 텄다. 정말 세상을 휘젓듯이 다니고 싶었다.

집사람과 결혼하기 전, 연애하면서 세계 아름다운 절경과 여행 화보를 선물하며 일생에 지구촌 일주를 서너 번 정도 할 거라고 거짓말을 하며 청혼했었다.

무모하리만치 대단하게 덤벼든 것도 아마 그 종이배를 띄우던 시절부터 형성된 것으로 생각한다. 딸들을 낳으면서 경이롭게 생긴 곳은 너희들과 모두 가 볼 것이니 무럭무럭 자라다오를 연발했었다. 그것이 곧 나의, 부모로서 사명이자 가야 할 길임을 인식해 왔는데 근본은 어린 시절 종이배에서 연유된 것과 다름없었다.

 종이배와 독서는 나에게 큰 포부와 확실함을 안겨 주었다. 비록 충청도 천등산 두메산골에서 초라하게 자라나는 소년이었지만 흘러가는 저 강물 끝에는 푸르른 대양과 이상이 공존하고 나는 넓은 세계에서 가장 화려한 삶을 구사할 꿈을 선명하게 가지고 있었다.

 가난도 적수가 되지 못하며, 불우한 환경도 또한 마찬가지였다. 당당한 소년으로 세상 무서운 것이 없었다. 천등산보다 높고 바다보다 넓은, 망상 같은 포부가 언제나 가득한 소년이었다.

 무수하게 늦봄마다 띄워낸 종이배는 미래의 열정적인 꿈들이 모두 실려 있었다. 그래서 어린 날 호기심과 순수함에는 무궁무진함이 있음을 알게 되었다.

 외지에의 동경과 미지의 세계에 대한 지적인 욕구는 한 소년의 꿈을 세우고 남았다. 또 종이배를 띄우며 종이배가 냇가와 강물을 거쳐 흘러가며 겪을 일들을 상상하는 것 때문에 문학적 감수성을 살려냈다.

종이배를 많이 띄웠던 날 밤에는 종이배가 장마 빗물에 불어난 황토물에 좌초되는 꿈을 꾸고 잠에서 깬 적도 있었다. 마음속에 띄워 낸 수많은 종이배에 실린 꿈들이 이제 실현이 되어 사랑하는 아내와 열심히 여행하며 살고 있고 흥기로운 레포츠는 도전 정신에 입각해서 많이 실천했다.

호주에서 번지 점프 뉴질랜드에서의 고공 점프(몸무게 과다로 시도도 못 함) 호놀룰루 마라톤 완주와 화산섬 말레이시아에서의 환상적인 골프, 정글 탐험 등을 이뤘고 이제는 아이들과 거칠 것 없이 나눌 차례가 온 것이다.

지금 돌아다보면 꿈처럼 내 삶이 순탄하지만 않았다. 그 종이배가 강을 지나 바다로 흘러가 대양에서 자꾸만 태풍과 파도에 시달리는지 내 삶도 때로는 파장이 크게 다가와 그단하기도 여러 번이었고 지쳐서 유년을 되짚다 보면 종이배가 떠올라 왔다.

과거 지향 주의자는 아닌 사람임에도 실패의 원인을 유추하다 보면 종이배를 띄우던 그곳에 생각이 정박해 버린다. 결혼하고 꿈을 이루기 위해 마치 수전노처럼 돈을 벌어 조금은 싱겁게 느껴지는 아파트도 이르게 마련했을 때 종이배는 파도가 잠자는 은빛 대양에 머물러 있었고 가정 전체가 휘청거리던 저 IMF 시절에는 허리케인이라도 만나 좌초에 가까웠던 모양이었다.

　이제 다시 잔잔한 수면 위를 떠다니는 셈이고 이참에 나는 또 하나 종이배의 꿈을 실현해볼 욕심을 꿈꾼다. 생각도 못 한 유년의 꿈, 문학과 음악의 성악을 다시금 끄집어내어 시작해서 질기게 도전하고 있다.

　어린 날에 잃어버렸었지만, 다시 찾았고 길도 선명하게 보여서 샘솟는 자신감이 머리에서부터 발끝까지 흐르기도 한다. 좌초되어가는 종이배를 아름다운 대양으로 다시 일으켜 세우니 다양한 곳에서 많은 사람이 나의 힘겨운 노질을 덜어주고 있다.

　다른 말로 은혜를 주시는 임들도 많은 것이다. 경이로운 대자연의 위용과 은혜로운 사람들만 내게 남은 것이다. 어차피 나의 열정은 남아돌았고 기도 넘쳤으며 유년을 거울삼아 앞으로 나아가고 있기에 얼마든지 꿈을 이룰 수가 있다.

　딸들이 사랑을 찾아 떠나고 나면 나는 사랑하는 아내와 무수히 많이 돌아다닐 것이다. 아름다운 노래를 발끝 닿는데 마다 뿌리며 글로 남기는 일이 얼마나 기쁘고 즐거운 일이겠는가. 그리고 함께 걸어야 할 세상이 얼마나 많은가?

늙어 갈 시간도 모자랄 만큼 목이 쉬도록 쏘다니리라. 나중에 생명이 다할 때쯤이면 우주선을 타고 은하계로 나아가 태양계 저기 어디쯤 우주선 바깥으로 몸을 영원히 던지는 것이다.

별이 가득한 은하에서 온전한 어린 왕자, 아니 우주의 미아가 되리라. 저 경이로운 은하계를 유영하리라. 그래서 종이배의 한계를 마침내 뛰어넘으리라.

나는 언제나 드림 마니아이고 어린 왕자이며 영원한 방랑객임을 선언하노라.

참 바쁘게 사는 속에 꿈은 많았는데 그 꿈의 발원지는 언제나 책과 유년이었네요. 한 이십여 년 전에 '드림 마니아의 노래'라는 제목으로 쓴 글인데 지금 읽어봐도 가슴이 뜁니다.

이제 소설가도 되었고 수필가도 되었지요. 또 노래하는 아마추어 성악가도 되었고 꿈같았던 나의 책이 멀지 않아 출간됩니다.

세상을 향한 저의 그 깊고 뚜렷한 열정은 사는 마지막 날까지 이어질 겁니다.

책들이 선물로 굴러들어 왔다

읽지 못하는 책이 자꾸만 쌓인다. 책이 의식을 휘어잡지 못할 만큼 내 정서는 헝클어져 있다. 노력한다고 해서 쉽게 정리될 내용이 아니라서 시간의 흐름대로 맡기고 있다.

비즈니스 때문에 바쁘고 지치는 일정이다. 엊그제는 서울 강남이고, 어제는 일산과 김포이고, 오늘은 전북 정읍이고 내일은 서울의 관악이다. 고정되지 않은 동서남북이고 모두 먼 거리이다.

비즈니스 가방 속에 한 권의 책이 들어있고 로시난테 내부에도 두 권의 책이 굴러다닌다. 지난 9월에 다섯 권을 샀다. 한 권만 읽었고 나머지 두 권은 밀려있다. 의식적으로라도 읽기 위해 관심의 사정권에 두고 있어야 한다. 한 달에 책을 접하지 못하면 영혼이 배고파진다. 못 읽어도 머리맡에 두고 있어야 한다.

의식 속에 하루의 비즈니스 여정 중 시간이 생기면 차를 편안한 곳에 세우고 읽어야 할 책을 안온한 속에서 잠깐이라도 읽을 생각을 하고 있다. 그러다가 먼저, 전화 통화와 카톡, 문자, 비즈니스 밴드 등을 소화하다 보면 시간이 소도되어 버린다. 엉뚱한 데 시간을 소모해 버리고 책 분량은 그대로 남는다.

어제 밤늦게 집에 돌아와 보니 큰딸이 책을 세 권 사놓고 나를 기다렸다. 요즈음 바빠 힘들어하는 나를 위해 선물을 준비한 거란다. 솔직히 딸이 읽고 싶은 것을 산 것이다. 집에서 같이 읽을 거니까 선물이라는 생색을 내면서 읽으니 효과는 만점이기 때문이다.

나는 딸과 밀도 있는 의식의 교류가 되는 것과 좋아하는 책이라 대 감동한다. 읽을 것을 쌓아놓는 것이 농부가 나머지 식량을 확보한 것처럼 기분을 뿌듯하게 만든다. 곳간을 가득 채운 기분이다.

리베카 솔닛의 『마음의 발걸음』, 『걷기의 인문학』, 『남자들이 자꾸만 나를 가르치려 한다』, 『그림자의 강』 등이 내게 있는 책이다.

리베카 솔닛은 미국에서 당신의 세계를 바꿀 25인의 사상가 중 한 명으로 꼽힌다. 마음의 발걸음은 뿌리 뽑힌 땅 아일랜드에서 마주친 사람들과 장소를 쓴 여행기 책이다.

나는 아일랜드 민요 아, 목동아를 수년간 불렀었다. 노래 속 나라 이야기를 여행가가 쓴 책이라 무척 반가운 선물이었다.

내년 6월, 또는 추석에 지인들을 모아 북유럽 유람선 여행을 잡아놓고 있다. 책을 좋아하는 지인들이 중심이 될 것이다. 큰 딸은 나와 생각이 같이 흐른다.

달과 별과 우주는 나의 영원한 동경의 세계다. 내가 서점에서 고를 때 우선순위에서 밀려있었는데 녀석은 내 마음을 알기나 한 듯이 산 것이다. 6월에는 광활한 우주 유영을 하게 생겼다.

또 한 권은 『혼돈의 세계』다. 지금 돌아가는 지구촌의 격랑, 러시아와 우크라이나 전쟁, 이스라엘과 중동의 전쟁, 중국과 대만의 위기, 북한과 미국의 핵 격랑을 보면서 아마도 녀석이 읽고 싶었던 책인가 보다. 나는 관심권 밖에 있는 책이다. 아주 여유로운 시간이 만들어졌고 그때 읽을 책이 없으면 읽을까 하는 책이다. 아무튼 선물이니까.

또 한 권은 『세계화의 종말』이다. 이것도 녀석의 관심권 책이다. 세 권의 책 중 자기가 먼저 읽는다고 선물 전달과 함께 바로 회수해 간 책이다. 나는 잡곡의 가마니를 곳간에 두둑이 쌓아둔 기분이다.

  이번 여름 많은 것을 내려놓고 혼자 하는 여행으로 헝클어진 정서를 평온한 정서로 돌려놓는 것이 우선이다. 정숙한 독서 치유가 가장 빠를 것인데 이렇게 곳간을 채우니 든든하다.

  여행, 독서, 노래, 그리고 사업 사람들과 정겨운 교류가 이번 가을의 화두이다. 어느 것이든 최고의 정성을 들일 것이다.

  금요일 아침 엄청난 풍요가 밀려 와 이렇게 오글오글 펼쳐놓는다.

이기면 당연하고 지면 창피한 일

덩치와 식탐은 영원한 동지이기에 비대한 덩치를 줄이기 위해서는 식탐이 없어져야 하는데 식탐은 내게서 한 번도 떨어져 나간 적이 없어 행복함도 컸다. 하지만 상대적으로 덩치의 비애를 느낄 때는 식탐, 식도락, 한 번도 잃어본 적이 없는 입맛 중 어느 것 하나라도 내게서 멀어지기를 절실하게 바란 적도 많다.

키가 육중해 보이는데 내게는 쓸모가 없다. 크고 마른 사람들이 보기에 시선이 버거울 정도이다. 그런데 빌어먹을 거대 풍채 때문에 아주 곤란한 일이 발생하는데 단체 체육대회에서 팔씨름 선수나 씨름 선수로 뽑힐 때이다.

힘 겨루는 것에 뽑혀 나가 봐야 늘 상대 선수는 나보다 작은 체구여서 나는 잘해야 본전에 불과하고 지면 창피가 남들보다 두 배가 된다. 이기면 당연하고 지면 창피한 일이라 되도록 나서지 않는 것이 속 편한 일이다.

　나는 지는 것을 죽기보다 싫어한다. 살아오면서 남을 건드리지도 않지만, 시비를 받아본 적도, 맞아본 적도 별로 없다.

　일단 싸움이 생기면 나를 포기해 버린다. 그러면 자연스레 두려움도 사라지고 겁을 상실해 버려서 영혼이 자유로운 싸움이 되니 내가 이긴다. 그러나 그런 일은 없었다.

　그런데 원하지 않는 팔씨름에서 체구는 작지만, 신체의 불균형에서 발생한 팔 사용의 빈도로 힘이 기형적으로 늘어난 친구를 만나면 지는 일도 많은데 그때 덩치의 비애가 상대적으로 크게 작용한다.

　싸울 명분이 없는, 단지 이기는 게임을 위한 거라서 나를 가지고 싸우게 된다. 겨뤄서 이겨봐야 아주 당연시되기에 특별하게 나서는 일은 없다. 나에게는 손해 보는 장사인 셈이다.

　그런데 상황을 피하지 못하고 나서서 하게 되는 날이면 키는 마음대로 줄이지 못하더라도 무게는 줄여야 한다는 다짐을 꼭 한다.

　그러한 상황을 지나고 나면 야맹조라는 새처럼 까맣게 잊어버리고 덩치를 불리는 먹는 맛의 순례에 빠져든다. 야맹조는 밤만 되면 돌아갈 집이 없어 밤새 울다가 아침 허가 떠오르면 지난밤 비애는 까맣게 잊고 노는 데만 치중하는 새이다.

내가 야명조 새처럼 맛이 좋은 음식을 만나면 팔씨름에서 졌을 때의 망신은 전부 잊어버리고 오직 먹는 것에 치중해 버린다.

다행인 것은 몸에 좋은 것은 선호해 본 적이 없을 정도지만 값싸고 맛이 좋은 음식점은 꼭 찾아가서 먹어봐야 직성이 풀리는 스타일이다. 사는 맛 중에 먹는 맛이 차지하는 비중이 인생사에 절대적으로 큰 사람이다.

며칠 전부터 덩치를 줄여야 한다면서 긴장을 일깨우고 일부러 입맛이 동하지 않는 곳을 의식적으로 찾았는데, 그러다 보면 내가 왜 이러지? 하고 놀라기도 한다.

60년 동안 식욕이 쉽게 변할 리 만무하다. 입맛, 밥맛이 한꺼번에 떨어진 적이 한 번도 없다. 입맛이 실종되면 밥맛이 살아나고 밥맛이 실종되면 입맛이 살아나 닥치는 대로 먹는다.

문제는 경건한 맛의 교회 밥도 맛으로 다가와서 이젠 조금 걱정이 된다. 못 먹는 것이 없다. 그러니 106kg ~110kg의 무게는 줄어들지 않는다.

영토는 언제나 육중함을 지키고 있다. 지면 당연해지는 초연함은 나이가 점점 들어가니 조금 낮아지는 것 같기는 한데 지기 싫은 것은 여전하다.

인정 넘치는 칼국수

　청주시 서원구 산남동 청주교육청 옆에 있는 [**칼국수] 식당은 내가 16년 동안 자주 가는 집입니다. 일주일에 두서너 번 정도는 출입하고 외지의 손님 대접할 때도 아주 귀한 특식인양 모시고 가는 식당이지요.
　한갓 칼국수인가, 하시다가 드셔보시곤 만족하신 경우가 되는 곳이지요. 그런데 제가 모시고 갈 땐 손님의 기호 음식 성향은 파악하고 갑니다.

　덩치가 크고 먹성이 남다르니 항상 식탐에 대한 나의 관심은 유별납니다. 유별난 만큼 안목과 미식 가족인 맛의 분별력도 까다롭지는 않지요. 몸무게 108kg를 유지하려니 당연히 먹는 것에 관심이 많지요. 삶의 재미 중 맛의 비중이 됴미 3할대 이상으로 상당합니다.

우선 면발이 부드럽고 안정감을 주는 육수의 포근한 맛이 좋지요. 유년에 질리도록 먹었던 어머님의 손칼국수처럼 정겨움이 듬뿍 묻어나는 맛이라서 자주 가는 이유도 있지만 주인의 넉넉한 맞춤형 서비스도 한몫하지요.
　제가 한 덩치 하다 보니 섭취의 양도 남보다 많은데 계산대에 주인아주머니는 내가 그릇을 다 비울 즈음엔 어느새 옆에 와서 물었지요.
　"면을 더 드릴까요? 밥을 더 드릴까요?"
　때로는 질보다 양을 선호할 때가 있다 보니 그런 주인의 맞춤형 인정과 넉넉한 서비스적인 경영술도 한몫했고요. 그렇다고 비용을 추가하지도 않았으니 국수 맛, 계산 맛이 좋답니다. 지금은 인기식당이 되다 보니 주차난이 심각하긴 합니다. 그래도 맛에 이끌려갑니다.

　유년 시절 밥보다 밀가루가 주식이었고 어떨 땐 한 달 동안 밀가루로 만든 손칼국수와 수제비가 전부였던 때도 있었을 정도로 먹었어요. 질릴 만도 한데 입에 잘 맞다 보니 자연히 칼국수는 커서도 즐겨 찾는 음식이 되고 말았지요.
　어머니가 바쁠 때 제가 칼국수 반죽을 홍두깨로 밀기도 했으니까요. 이제 어머님의 칼국수 맛을 제가 재현해서 딸들에게 끓여주고 싶습니다. 제 뚝딱이 요리 솜씨도 있고 하니 분명 생기 넘치는 맛은 자신하지요.

　먹는 방송도 나가고 싶답니다. 저는 딸들이 인정하는 손맛 있는 남자랍니다. [**칼국수]를 먹을 때마다 국물조차 한 방울 남기지 않고 먹으니 자연히 요리하시는 주방장님도 제 것의 국수를 끓일 때마다 곱빼기로 퍼 담아줍니다. 그래도 값을 더 받지 않으니 단골이 되는 거지요. 늘 공깃밥값을 추가로 받는 다른 식당보다 자주 갈 수밖에요.

　손님의 마음을 가득 채워주는 주인과 주방장의 마음에 [맛]까지 더하니 식당은 항상 만원이고 시끌벅적합니다. 수많은 손님의 마음을 채워주는 넉넉함도 은근한 감동이더랍니다.

　약간의 점심시간이 지나고 혼자 갈 때는 칼국수 한 그릇에 맥주도 한 병 시킵니다. 제가 원래 술의 양은 젬병이어도 반주를 좋아하는 생산적인 애주가입니다.

　한가한 시간에 저의 칼국수를 곱빼기로 끓여주는 주방장님이 고마워서 맥주를 똑같이 나누어 두 잔을 만들고 한잔은 내 반주로 나를 행복하게 하고 한잔은 주방으로 들여보내 술을 좋아하시는 주방장님에게 보내 드리지요. 손맛 좋은 주방장님이 맥주 애호가이신 것을 제가 알거든요.

　그런 장면을 보는 주인님도 표정 좋게 웃으시니 칼국수 맛이 꿀맛이고 행복이지요. 제게는 행복한 밥상이 아니고 무엇이겠어요. 서로 어떤 위치에 있든지 상관없이 존재를 존중해 줄 때 행복 분량이 서로에게 넘치더랍니다.

　마음을 조금만 더 쓰고 배려하다 보면 더 개운한 사랑의 관계들이 되는 거지요. 세상은 분명 주는 것 이상으로 되돌아오는 것이지요.
　마음이 열린 식당 주인의 인품도 좋고 주방장의 손맛을 존중해 맛있게 먹어주는 나도 좋고 잘 먹어주는 고객에게 사랑까지 그릇에 넘치도록 퍼 담아주는 인정도 좋더랍니다. 저는 식당에 가면 황제 대접받는 기분입니다. 제가 모시고 가는 손님들도 항상 마음 넘치는 대접을 받지요. 그러다 보니 손님들도 단골이 되고⋯.
　우리는 서로 [되]로 퍼주고는 [말]로 받는 중입니다. 칼국수를 사이에 놓고.

　저는 이렇게 먹는 것에 치중해서 삽니다. 그래서 덩치도 산처럼 된 거랍니다. 물론 인정 맛도 유독 좋아합니다. 청주에는 이러한 인정이 많답니다.
　제가 요즈음 음식 맛과 밀가루 등으로 살찐 부분도 많지만, 인정 맛에 찐 살도 많답니다. 이렇게 인정으로 찐 살이라 쉽게 빠지지 않는 것이지요. 속성으로 빠지는 것보다 오랫동안 안정적인 살 빠짐을 선호합니다.

  걷고 또 걷고 하다 보면 제가 원하는 살이 빠질 겁니다. 오늘 장마와 태풍이 엄습하여 온통 비로 얼룩지는 날입니다. 맛 좋은 칼국수로 인정살 좀 찌렵니다. 저녁에 비 맞으며 걷기를 하면 살이 빠지겠지요.

  어느새 깊어가는 가을 쌀쌀함이 옷깃을 스칠 따 칼국수에 막걸리 반 잔 하시는 것도 좋답니다.

산만 한 덩치의 이점

　키와 덩치가 남보다 크다고 해서 살아가는데 편리한 것은 별로 없더랍니다. 사실은 사십 대에 들어서기까지 키만 좀 컸을 뿐 무게는 80kg 정도였어요. 그런데 27년 동안 하루도 빠지지 않고 피워 온 담배를 끊자마자 몸무게가 늘어나더니 지금까지 줄어들지 않고 120kg까지 늘어났어요. 사실 불편할 때가 더 많은데 이럴 때 유용해요.

　키가 크고 덩치도 산만하니까 아주 곤란한 눈초리를 받을 때가 있어요. 백화점이나 혼잡한 결혼식 또는 사람들이 몰리는 곳에 설치된 엘리베이터에서 마주하는 상황입니다.
　많은 인원이 엘리베이터 앞에 모여들고 한꺼번에 우르르 타는 바람에 이따금 겪는 일이지요.

엘리베이터를 미어지도록 타면 정원 초과가 되어 문이 닫히지 않지요. 그때 많은 사람이 저를 흘긋흘긋 봅니다. 뚱뚱한 당신이 빠지면 두 명이 내리지 않아도 된다는 눈빛입니다. 그때 짓궂은 친구가 말합니다.

"덩치 큰 네가 내려라."

큰 소리로 떠들고 나면 일순간 조용해지면서 문 가까이 선 사람들이 내릴까 말까 망설이다 말고 갑자기 나를 쳐다봅니다. 물론 기대 가득한 눈빛이고요. 그러면 저는 표정 하나 변하지 않고 아주 점잖은 목소리로 당당하게 말합니다.

"항상 정육점에 가서 고기를 사지만 앉은뱅이저울에 고기를 달아 올릴 때 정량이 넘으면 주인은 가장 작은 고깃덩어리를 내려놓는 것 못 봤니?"

저는 고깃집 주인이 정량 초과 시에 큰 덩어리를 내려놓는 것을 본 적이 없었거든요. 아주 작은 것을 내려놓더랍니다.

일순간 모두 고개를 끄덕이며 쿡쿡 웃고 이해가 되었는지 기대를 접고 다시 시선이 사방으로 흩어집니다. 그리고 문 가까이 눈치 보던 사람들이 내립니다. 사실 시선을 편안하게 고정할 곳이 엘리베이터에 없지요.

내일은 오늘보다 더 아름다운 날이 도래할 겁니다.

월급날 우쭐거림으로 딸들을 키운 이야기

　이제 월급날도 얼마 남지 않았습니다. 요즈음 주식시장이 깊은 추락으로 영업이 만만하지는 않지만 그래도 열정 하나로 시장을 파악하고 읽으며 영업하다 보니까 살아남고는 있습니다. 그러나 미국을 비롯한 유럽과 아시아의 이머징 시장도 별반 다를 게 없어서 시장은 싸늘하고 영업 애로는 많이 있답니다. 시장은 냉정하니까요.

　그래도 어김없이 월급날은 옵니다. 항상 월급날에는 가장인 내가 집에서 연례행사로 진행하는 행사가 있는데 행복한 일상이라 살짝 소개를 드리고 싶어 이렇게 글로 남깁니다.
　우선 월급 통장에 돈이 들어오면 한 시간도 안 되어 아내의 통장과 펀드와 주식 통장으로 모두 이체되고 저의 통장에는 한 달 동안의 활동비와 용돈이 조금 남게 됩니다.

용돈 중에서 10여만 원을 뚝 떼어 도서 상품권을 20장 정도 삽니다. 그리고 집에 퇴근하자마자 엄청난 선물을 준비한 사람처럼 약간의 거드름을 피우며 두 딸과 아내를 불러 모읍니다. 월급날마다 있는 연례행사라서 모두 기대 가득한 얼굴로 모여듭니다.

마치 큰 자선을 베푸는 거드름으로 도서 상품권을 나누어 주는데요. 지난달 독서 성과가 좋은 사람은 6장이나 7장, 조금 게을렀던 사람은 4장이나 3장, 이런 식으로 배분하는데 아내와 두 딸 그리고 나, 평균으로 나누면 똑같이 5장을 매월 받는 셈이지요. 다만 공정한 독서율 평가로 많이 읽으면 더 주고 평가가 낮으면 덜 주는 것이지요.

사실 10만 원은 나에게 온전하게 투자하는 비용으로 남겨놓던 것인데 딸들이 초등학교 고학년이 되고부터 마음을 바꿔 가족들과 공유하는 심정으로 도서상품권을 사서 골고루 나누어 주니 가족 간에 신속한 교류가 생기고 나누어야 할 이야기들이 많아 아주 좋았답니다.

매월 빼먹지 않고 달마다 하는 행사로 완벽히 인식되어 월급날 전후로 몇 장을 줄 거냐며 독서 분위기가 잡힙니다. 비용으로는 얼마 되지 않지만, 각자가 책에서 얻는 지식과 감동은 설명해 드리기가 어려울 정도로 크고 대단하지요. 또 상품권으로 영화도 자주 보러 가는데 좋은 영화 한 편에서 얻는 감동과 여운이 오래가니까 각자 2만 5천 원의 가치 행복은 소중하답니다.

그렇게 해서 얻는 행복이 무려 다섯 가지랍니다. 도서상품권을 나눌 때 행복이 첫 번째고, 상품권을 들고 가족 모두 집에서 가까운 서점으로 몰려가 두어 시간 동안 책을 고르며 느끼는 공동체의 행복이 두 번째랍니다. 세 번째는 그 책을 소중하게 읽으며 느끼는 행복이랍니다.

가끔 딸들이 만화책이나 잡지를 고르면서 고민하는 것을 보면 왜 그리도 좋은지요. 단, 무슨 책을 사야 한다는 규칙은 없습니다. 본인이 원하는 것이면 다 좋습니다.

네 번째는 가족들이 모두 함께 영화를 관람할 때입니다. 다섯 번째는 영화나 책을 보고 나서 공감하는 부분을 이야기 나눌 때입니다.

도서상품권 다섯 장으로 느끼는 행복 치고 방대한 행복이 아닐는지요. 제가 이번 달 상품권으로 살 책은 이미 정해 놓았답니다.

『청소년을 위한 서양음악사』를 점찍어 두었답니다. 서양음악 공부를 하는 데는 좋을 것 같고 또 딸들과 함께 읽을 수 있는 책이라서요.

  두 번째 책은 『빅맨 빅보이스』 세상에서 가장 작은 성악가 토마스 크바스토프의 자서전이랍니다. 요즈음 성악을 공부하니 꼭 읽고 싶은 거랍니다.

  사실 시간은 별로 없지만 사 놓으면 틈틈이 읽어가게 됩니다. 사실 활자 중독증 환자 집에서 보는 신문이 한국일보입니다.

  사무실에서 개인적으로 신청해서 보는 신문이 한국경제신문인데 요즈음 바빠서 모두 읽지는 못합니다. 많은 정보가 필요해서 경중경중 이라도 섭렵은 하지요. 그런 속에서 한 달에 서너 권은 읽고 가는 편이지요.

  월급날이 지나면 한동안 집안에 독서 열풍이 붑니다. 또 딸들이 산 잡지나 만화도 가끔 훔쳐보는데 제 감성과는 좀 거리가 있더랍니다.

  또 저는 조금 속물근성이 있어서 좋은 성공담의 책들은 놓치지 않고 사 보지요. 가끔 인간의 위대한 승리가 담긴 책을 만나 감동에 젖으며 삶의 이정표를 설정하기도 하지요. 만권을 읽어야 합니다.

2005년 10월 어느 날 썼던 실제 이야기입니다. 이제 딸들이 다 커서 큰딸은 직장에 다니며 대학원 졸업을 앞두고 있고 작은딸은 아이들 가르치는 일을 잘하며 결혼을 준비하고 있답니다.

딸들이 성인이다 보니 이젠 독서보다 식탐의 비중이 높아지고 여행의 비중이 커졌답니다. 이제 독서는 각자의 습관 속으로 내재하여 있고요. 그래서 식구들이 각자 책은 손에 쥐고 산답니다. 그리고 재미있는 것은 우리 집에 시인(큰딸 정시인)과 수필가와 소설가 정병국(내가)이 있으니까요.

저는 일생에 만권을 읽어야 하고 매일 만 보를 걸어야 하고 만 리의 여행을 꿈꿉니다. 제가 요즈음 줄기차게 걸으며 만권, 만 보, 만 리를 자주 언급하고 산티아고 순례를 이야기하며 걷기 예찬하니까 딸들도 관심을 가지기 시작했어요.

특히 산덩이 같은 내 영토가 조금씩 줄어드는 것을 곁눈으로 확인하면서 급격한 관심을 나타내고 있답니다. 서로 시간적, 공간적 영역이 달라서 함께 묶이기는 힘들겠지만, 관심의 영역에는 들어섰답니다.

저는 체득해서 아는데요. 독서는 정신세계를 살찌워 주는 것이고 걷는 일은 건강을 살찌워 주지요. 저에게 어쩌면 일맥상통해서 독서와 걷기가 생활에 일부로 편입되었어요.

나의 길고 먼 패턴을 딸들에게 알게 모르게 생활 일부로 만들어 가지요. 뭐.

가을이 깊어가네요.

나는 갑니다. 훈계서 한 장을 가지고

바이러스 치료하다 숨진 의사 '리원량'이 남긴 글

동이 트지 않았지만 나는 갑니다!

가야 할 시간, 나루터는 아직 어둡고, 배웅하는 이 없이 눈가에 눈송이만 떨어집니다. 그립습니다. 눈송이가 눈시울을 적십니다.
캄캄한 밤은 어둡고, 어두움에 집마다 환하던 등불조차 떠올릴 수 없습니다. 일생 빛을 찾았습니다. 스스로 반짝인다고 자랑했습니다. 온 힘을 다했지만, 등불을 켜지는 못했습니다. 여러분 감사합니다.
어젯밤 눈바람 무릅쓰고 나를 보러 왔던 여러분! 가족처럼 저를 지키며 밤새 잠 못 이루던 여러분 감사합니다. 하지만 연약한 인간에게 기적은 일어나지 않았습니다.

나는 본디 평범하고 보잘것없는 사람입니다. 어느 날 하느님이 나에게 그의 뜻을 백성에게 전하라 하셨습니다. 조심스럽게 말했습니다. 그러자 누군가가 나에게 태평한 세상에 소란 피우지 말라며, 도시 가득 화려하게 피어 있는 꽃이 보이지 않냐고 말했습니다.

전 세계가 지금의 안녕을 계속 믿게 하려면 나는 단지 마개 닫힌 병처럼 입을 다물었습니다. 선홍색 인장으로 내 말이 모두 동화 속 꿈이라고 인정했습니다. 왕관을 쓴 치명적인 황후는 반란을 위해 속세에 내려오지 않았다고 했습니다. 이렇게 천하는 다시 북적거렸습니다. 누구도 몰랐습니다. 거대한 비극이 곧 성문을 잠그리라고는.

이후 하늘이 대노하고 산하는 시들고 나는 병들었습니다. 내 가족까지 모두 병들었습니다. 우리는 천 송이, 만 송이 눈보라처럼 송이송이 흩날렸습니다. 봄이 오고 강물이 녹으면 가족과 만나리라 기대했습니다. 그때가 되면 노란 유채꽃밭에 앉아 흩날리는 꽃송이 새며 하루 1분 1초를 보내리라 여겼습니다.

어젯밤 눈 내리기를 기다렸습니다. 하느님이 내 머리 쓰다듬으며 말했습니다.

"착하지, 나와 같이 가자. 인간은 가치가 없어!"

이 말에 눈물이 왈칵 쏟아졌습니다. 비록 인간은 빈한하고 하늘은 따뜻한 곳이더라도 말이죠. 저승으로 가는 다리를 건너기 두렵습니다. 고향을 떠올려도 다시는 가족을 만나지 못할 것입니다.

사실 나의 기개는 보증서 한 장으로 죽었습니다. 나는 계속 햇볕이 비치듯 살아 생명을 노래하고 소나무 잣나무를 찬미하고 싶었습니다. 이 나라 이 땅을 깊이 사랑했습니다. 이제 내 육신은 죽지만 한 줌 재가 되기 전에 조용히 고향의 검은 땅과 하얀 구름을 떠올립니다. 어린 시절을 떠올리니 바람은 마음껏 춤추고, 눈은 새하얗게 티 한 점 없습니다.

삶은 참 좋지만 나는 갑니다. 나는 다시는 가족의 얼굴을 쓰다듬을 수 없습니다. 아이와 함께 우한 동호東湖로 봄나들이를 할 수 없습니다.

코로나가 처음 퍼질 무렵 아름다운 훈계서를 남기고 바이러스를 치료하다 숨진 리원량의 이 글을 읽다 말고 눈물을 주렁주렁 흘렸어요.

제가 유튜브에 이 글을 낭독했었지요. 아름다운 은유의 슬픔을 많은 이들의 가슴에 남긴 슬픈 글이었어요. 사람이 수없이 죽어갈 때 이 글은 정말 엄숙한 조사였어요.

경건하고 숙연하고 무거운 침묵을 살아남은 모두에게 안겼지요. 슬픔의 미학도 함께요.

3부

어머니와 감자빵

어머니와 감자 빵

감자는 나를 벙어리로 만들었다.

이제 어머님이 돌아가신 지 14년이 지났습니다. 전에 썼던 글이지요. 천등산 석천초등 시절, 어머니에게 오랫동안 비밀이었던 이야기 하나를 꺼내 봅니다.

사실 어머니가 돌아가시기 전에는 마음이 잡히지 않아서 쓰기가 힘들었던 이야기였어요. 친구들에게도 추억으로 이야기하기 싫은데요. 얼마 전 딸들에게 감자전을 정성스럽게 해 주다 보니 다시 생생하게 떠 올라왔어요. 눈물 속에서 써 내려가 봅니다. 어머니가 살아 계실 때 쓰기가 싫었던 이야기지요.

천등산 석천초등학교 6학년 시절 여름방학을 앞두고 벌어진 일이었지요. 6월이면 감자와 밀가루가 우리 집의 주식이었어요. 밭도 논도 없고 오직 어머니의 날품으로만 살았던 시절이라서 아침에도 감자를 삶아 먹곤 했었어요.

엄마는 감자를 까서 솥에 넣고 물을 약간만 붓지요. 감자 위에는 밀가루에 베이킹파우더와 소다, 그리고 소금을 넣은 빵 반죽을 올려놓고 감자를 쪄내면 빵도 부풀어 오르게 되고 그야말로 감자와 빵을 동시에 해 주셨지요.

어머니만의 특별한 감자 빵 요리이기도 했지요. 삶은 감자와 빵을 함께 으깨어 버무려 먹으면 맛있는 우리 집 식사 대용이 되었지요.

가끔 학교에 도시락으로 싸 주시면 나는 아이들 앞에서 절대로 꺼내놓고 먹지 않았습니다. 당시 옥수수밥까지는 같이 꺼내 놓고 먹을 수는 있어도 감자를 으깬 도시락은 도저히 먹을 수가 없어 혼자 숨어서 먹거나 아니면 학교를 파하고 돌아오다가 슬며시 먹어 치우곤 했지요. 이미 나는 고학년이고 집 사정을 어렴풋이 알고 또 어머니의 처절한 고생도 훤히 알고 있어서 감자도시락 거절도 못 할 때였습니다.

감자 도시락을 싸서 간 날 도시락을 친구들과 같이 먹지 못하고 학교 건물 뒤에서 혼자 조심스레 먹고 있었어요. 우리 반 여자 A에게 우연히 들키고 말았습니다. A는 내가 주먹을 쥐어 보이며 다른 아이들에게 발설하지 말라는 은근한 경고를 보냈음에도 곧바로 교실에 돌아가 내 도시락이 감자라는 사실을 발설해 버렸어요. 몇몇 짓궂은 친구들이 구경을 왔어요. 그 바람에 나는 도시락을 반도 못 먹고 덮어 버렸지요. 창피함에 약이 바싹 올랐습니다.

점심 먹고 쉬는 시간이 되어 운동장에서 전교생 아이들이 모두 나와서 놀고 있는데…. 그 속에 내 감자 도시락을 발설한 A가 운동장 한구석에 앉아 공기놀이하는 것을 보았어요.

나는 분이 덜 풀려 있었고 뒤끝이 분명하게 있는 아이였지요. 가난을 놀리는 형들이나 힘센 친구들이 있으면 난 지겟작대기, 짱돌, 낫 등으로 위협을 해서 맞지 않고 앙칼지게 싸웠던 아이였으니까요.

A를 그냥 둘 수는 없었지요. 나는 두들겨 맞고 자란 기억이 없고 누굴 때린 적도 없습니다. 남을 놀린 적도 괴롭힌 적도 없었던 그냥 온순한 아이였지요.

짓궂음과 위트는 있어 내 주변에 친구들은 있었지요. 다만 가난한 우리 집을 놀리거나 업신여기면 자존심이 강해서 그때는 끝까지 싸웠지요. 그런 내게 A 여자친구가 걸려든 것이었어요.

여자라서 그냥 살짝 머리통을 쥐어박는 걸로 앙갚음을 생각하고 주먹을 휘둘렀지요. 그런데 여자 A 친구가 고개를 돌리는 바람에 정면으로 콧등을 맞았고 바로 코피가 터졌습니다.

A는 빨간 피를 보자 크게 울기 시작했고 마침 점심을 드시고

교무실로 걸어가시던 교장 선생님과 전교 선생님들이 A의 울음에 나의 이유 없는(?) 폭력을 알게 되었습니다. 내용을 절대로 발설할 수가 없었으니까요.

그날 무슨 연유였는지 A의 엄마가 학교에 왔다가 딸의 코피 터진 모양을 보고는 부르르 떨면서 나의 따귀를 때렸습니다. 그리고 내 멱살을 부여잡고 악을 쓰면서 교장실로 나를 데려갔습니다. 치맛바람이 있던 A의 어머니였지요.

시골 학교 점심시간이 나의 보복 주먹에 의해 정말 헝클어져 버렸고 나는 단단히 걸려들었습니다. A 엄마에게 뺨도 서너 대 맞았고 교장 선생님에게도 훈시를 들었습니다. 담임선생님도 교장실에 불려 들어갔었고 내가 우리 반 교실로 돌아왔을 땐 반 전체가 단체기압으로 책상 위에 올라가서 손을 들고 있었습니다.

나로 인한 사고 때문에 벌을 서고 있었지요. 담임선생님도 화가 머리끝까지 나 있음을 알았지만 나는 A를 왜 때렸느냐는 그 이유를 절대로 말할 수가 없었습니다. 나는 그냥 장난한다고 그랬다고 했지만, 선생님도 A 엄마도 믿지 않았고 나를 다그치기만 했습니다. 왜 여자친구를 코피가 나도록 때렸느냐고….

A도 다행인 것은 감자 도시락 사건은 발설하지 않았던 모양입니다. 남자 친구들도 나 때문에 벌을 서는 것이 억울한지 선

생님에게 추궁당하는 나에게 주먹을 쥐어 보이며 '너 죽었어.' 하는 시늉을 선생님 몰래 보내기도 하였습니다.

저는 그날 선생님 말씀을 우습게 안다고, 또 이유 없는 폭력을 썼다고 선생님의 단단한 회초리가 부러지도록 발바닥을 맞았습니다. 당시 우리 담임은 엎드려뻗쳐를 시켜놓고 한쪽 발바닥을 들게 하고 때리시는 분이었습니다.

학교 다니면서 그렇게 맞아본 적이 없었습니다. 무지막지하게 맞으면서 도화선이었던 어머니의 감자 도시락 발설 사건은 절대로 이야기를 할 수가 없었습니다. 그것은 어머니를 모독하는 일이었기 때문이었지요.

그날 집까지 걸어오는데 발바닥이 아파서 걸을 수가 없을 지경이었지만 어머니가 눈치를 채시면 안 되기 때문에 아주 조심스럽게 집에 들어갔습니다.

내가 일으킨 사고는 전교를 흔든 사건이므로 학교에 다니던 두 살 터울 동생 중 하나가 이미 어머니에게 고해바쳤지요. 내가 교장 선생님에게 혼난 일과 A의 엄마에게 뺨을 맞은 이야기, 담임선생님에게 죽도록 맞은 이야기를 소상하게 알고 있었습니다. 그러나 나는 어머니에게 감자 도시락 이야기는 절대로 할 수가 없었습니다.

사실 선생님이 물으셨을 때 바른대로 이야기했으면 덜 맞을 수 있었습니다. 그러나 어머니를, 가난을 파는 일이기에 절대로 말을 할 수가 없었습니다.

  어머니는 약한 여자를 때린 것은 아들 잘못이지만 A의 엄마가 뺨까지 때린 것은 억울하다고 하셨습니다. 그렇지만 아이들 싸움에 어른이 끼어드는 것이 아니라는 거였습니다. 또한 제대로 걷지도 못하게 때린 선생님도 못 마땅해하셨습니다.
  감자 도시락은 하늘이 알고, 내가 알고, A 친구만 아는 비밀이 되었지요.
  그 뒤로 A 친구는 졸업과 동시에 지금까지 한 번도 못 만났고 담임선생님은 최근까지 천안에서 교편을 잡으시다가 은퇴하셨지요. 우리 어머니는 14년 전에 돌아가셨습니다.

  저는 지금도 감자만 보면 그때 일이 떠 오릅니다. 다만 감자 도시락이 빌미가 되어 커다란 사건이 발생해서 A의 엄마에게 뺨을 맞고 담임선생님에게 호된 매질을 당했다는 사실을 어머니에게 한 번도 입 밖에 내 본 적이 없었습니다. 심지어 나 때문에 단체로 벌을 섰던 반 친구들에게도 금기 사항이었습니다.
  저는 두 눈으로 똑똑히 보았습니다. 어머님께서 어린 세 자녀를 데리고 혼자 몸으로 살기가 벅차고 막막할 때마다 자살을 시도하시는 것을요. 정확하게 세 번 자살 시도가 있었지요. 그 뒤로 저는 어머니 가슴에 치명적인 못으로 박힐 일은 절대로 발설하지 않았고 또 만들지도 않았습니다.

  딸들에게 감자전을 부치다가 그때 감자 도시락 발설 사건이 떠 올라와 인제야 그때 죽도록 맞은 이유를 밝히며 글로 썼지요.
  감자만 보면 생각나는 어머니가 그리워집니다. 이제는 영면의 깊은 세계에 계시지요. 그 아팠던 비밀을 이렇게 토해내 봅니다. 아픈 비밀 하나를….

  이 감자 사연을 써서 4,000명이 있는 독서밴드에 올렸더니 저의 초등학교 1년 여자 선배님께서 저를 알아보시고 쪽지를 보내오셨습니다. 초등학교 시절에는 존재감이 없었던 소년이라 잘 몰랐는데 제가 쓰는 글을 오랫동안 재미있게 보다가 어린 시절 학교 이야기와 동네 지명이 나오면서 알아보셨습니다.
  선배님을 얼마 전 만났지요. 졸업하고 처음 만나는 것이지요. 특히 그 선배의 바로 밑 남동생은 저의 한해 후배인데 우리 학교 생기고 처음으로 서울대를 갔고 그 집 막내도 서울대를 갔을 정도로 천재 집안입니다.
  나는 선배님 집과 선배님을 잘 알고 있었기에 무척 반가웠습니다. 나의 존재감이 그 선배님에게 알려졌다는 사실이 행복했지요. 선배님은 어릴 적 모습이 그대로 있어서 바로 알아보았는데 여전히 미인이셨어요.

청주에 사는 고등학교 동기 한 분을 모시고 오셨는데 그분도 미인이셨어요. 두 미인분과 식사를 하니 밥과 반주가 코로 들어가는지, 입으로 들어가는지 몰랐답니다. 정말 좋은 시간이었습니다.

뚝 멋 사내의 연애편지

아지랑이처럼 흔들리는 온 누리를
당신과 나 함께 살아도
절대로 흔들리지 않는 것은
당신이 내게 부여해 준
예쁜 사랑이 가득했기 때문이다.

그네를 타듯 왔다 갔다 맛보는
단맛 쓴맛의 오묘한 세상맛도
당신과 함께라서 단맛으로만 왔고
함께 지은 30년 밭고랑 같은 농사도
예쁜 사랑의 나라에서 싹튼
들꽃 같은 신뢰 덕분이다

당신과 내 시선 끝에는
너무 좋아서였을까, 긍정들만 무수히 피어올랐지.
어린이보다 철이 없는 궤적만 남겼지.
돈보다 높게 쌓인 흉터투성이
애증의 사랑
이젠 우리의 열매로 맺힌
미인 표 딸들….

이제 다가오는 이 겨울
황홀한 눈꽃들이 신비로이 피고 나면
그것이 허허로울망정
내가 키운 이 아름다운 세상을
당신께 담아 드리리다.

  어느새 가을도 중반에 접어들었습니다. 바람보다 빠르게 시간이 지나가고 있습니다. 늘 변함없이 장사에 빠져 구석구석을 누비고 다닙니다.
  오늘은 수원과 서산을 다녀왔고요. 내일은 서울을 가고 모래는 원주와 춘천을 갑니다. 금요일은 계룡산 계곡으로 들어가 세상을 빚는 세미나를 합니다. 그것도 1박 하며 다가오는 세상을 맞이하는 방법을 나눕니다.

여전히 전화통은 울리고 갈 곳이 밀려 쌓입니다. 갈 곳이 두 줄 석 줄로 다가오고 있는 거지요.

누군가 그럽니다. 허수 같은 계획을 창출하는 것도 능력이라고.
가족들과 아내에게 미안해서 예전에 썼던 아부의 시를 다시금 손보고 올려서 잃어가는 점수를 조금은 획득합니다.

바다보다 깊은 아내에게 쓴 연애편지

당신이 언젠가 저에게 이렇게 이야기하였어요.
"사랑의 시작은 관심이고, 바람의 시작은 친절이라고요."
늘 장사하다 보니 친절이 몸에 배지만 나는 그때 속으로 웃었어요.
내 마음이 흔들린 것은 당신뿐이었으니까요.

그래도 저는 항상 조심하고 삽니다. 내 친절에도 흔들리는 사람이 있으면 당신에 대한 배신임을 아니까요.

당신의 천사 같은 마음에 늘 감사를 쌓고 산답니다.
저는 알 것 같아요.
깊이 모를 푸른 강처럼, 바다처럼.
이제는 돌아가셨지만, 당신이 내 어머니에게 그윽한 마음으로 사랑하고 있었음을요.

  그때 내가 자신 있게 당신에게 말하고 싶은 것이 있었다면 당신이 내 어머니에 대한 봉사를 접게 하고 싶다고….

  나도 싫은 것은 당신도 분명 싫으니까요. 비용을 들여서라도 간병인을 두자고 말했지요.

  나는 무엇보다 진심이었어요. 그때 당신은 내게 말했었지요.
"벽에 똥칠하시더라도 돈 이전에 우리들의 가족관계라고…."
  넓고 깊은 당신에게 늘 감동하고 살지요. 넓고 깊은 바다가 당신 속에 있음을 감동하였지요.

  저는 언젠가 이야기하였지만, 당신이 준 사랑을 만끽하고 있어요. 그리고 당신이 얼마나 힘이 들지 알아요.

  타인을 받아들일 때 사랑은 곱절이 필요하다고.

  아이들의 아빠로서 이런 이야기해 드리는 것이 쑥스럽지만 아이들을 예쁘고 다양하게 자존감 높게 키워 주셔서 감사드려요. 진심이에요.

  녀석들의 눈망울 속에 당신이 깊게 들어 있어요. 돌아가신 어머님의 눈에도 아들보다 당신이 깊이 들어 있었어요.

  어머님도 당신 품에서 잠들고 싶다고….

  살아계실 때 입버릇처럼 말씀하셨지요. 그때 어머님의 치매.

그러나 잠드시기 전에 가장 불편하기만 한 치매….

아들인 나도 감당하기 힘든 일들이 날마다 재현되는 형언 못할 어려운 상황의 일들….

결국 어머니는 당신 앞에서 편안히 돌아가셨어요. 그저 묵묵히 견디는 당신에게 나는 빚을 지고 있어요.

지금까지 짧고도 긴 시간이었지만 당신 덕분에 기쁜 시간 속에 살아요. 아이들 앞에 거침없이 보여준 우리 부부의 진실 때문에 아이들도 우리를 신임하잖아요.

아이들하고 폭넓은 대화도 좋고, 수많은 여행도 좋았고요. 시간만 나면 서점으로 순례 때 딸들의 얼굴에 번지던 그 행복감을 지금도 잊지 못해요.

눈물겹도록, 굴릴수록 커지던 행복들. 우리가 함께 경영한 가족의 크기보다 사랑과 행복이 하늘만큼 더 컸지요.

아내의 노래…. 내가 당신에게 자주 불러주던 노래이지요.
삶이 당신과 나를 가끔 속여도….
현실과 이상, 그사이의 괴리에 우리 가정이 걸려 있어도 우린 꿈을 버리지 못하고 잘 살아왔지요.

고백하는데요.

나는 당신의 어설픈 과거까지 모두 사랑해요. 아니요…. 당신…. 아버님과 할아버님의 과거까지도요.

봄이 다가오기 전에 이 말을 전하고 싶었어요. 당신, 이제는 양쪽 어머님들도 돌아가신 분들이니까 정을 떼는 연습도 필요한 것 같고 슬픔을 배워야 하겠어요. 어깨를 들먹이며 속으로 삼키는 슬픔을요.

그래도 당신의 약한 모습은 싫어요. 우리 사랑하는 딸들 앞에서는 특히 더 싫어요.

가끔 내가 흔들리다가 돌아와도 웃어주던 모습이 떠올라 오네요. 이제 내가 은퇴하면 당신의 식사를 만들어주고 싶어요.

주책 같지만 진실인걸요. 당신이 내게 준 사랑의 맛과 당신이 내게 준 인생의 단맛을 모두 갚지는 못하겠지만 사는 날까지 정성을 다하고 싶네요.

몇 년 전 교회에서 아내가 없을 때 낭송한 편지인데요. 아직 전해주지 못했습니다.

당대 시인들을 배출한 천등산

석천리와 애련리에서 3년 정도 살고프다.

추석 지나고 9월 말 토요일에 내 고향 석천리를 다녀왔다. 고향을 지키는 친구 용준이와 맥주 안주로 김밥을 나누는 사이, 들깨 모들이 사진에서 빽빽이 자라고 기둥을 따라 타고 올라가는 포도 줄기에서 꿈같은 포도 알갱이들이 대롱대롱 자라나고 있었다. 푸근한 고향 내음이 가득해서 유년의 어느 한 시절로 돌아간 느낌이었다.

친구 옆집 후배가 운영하는 으름 농장에는 으름이 휘어지게 달려 자라고 있어 보기 좋았다. 내가 매년 으름 농장을 유튜브에 올리는데 전국에서 유일한 으름 농장이다.
지난봄 으름 꽃을 찍고 싶었는데 놓쳤다. 으름 꽃을 묻는 구독자들이 많았었다.

  친구 집 앞을 흐르는 백운천은 어젯밤 장맛비로 제법 불어나 굽이굽이 휘돌아 나아가니 검정 고무신이 수없이 물에 떠내려 보내던 시절도 호출되었다. 불어난 물 앞 도랑에 새로 산 고무신을 떠내려 보내고 나면 며칠씩 마음이 쓰렸다. 그때는 앞 도랑의 실개천도 장마 물이 불어나면 괴물보다 무서웠다.

  큰 장마에는 살아서 떠내려가는 돼지와 소를 보기도 했던 백운천이다.

  "올여름엔 꼭 친구들과 천렵을 한번 하자. 도리 뱅뱅이와 매운탕도 끓이고."

  "그래, 친구들이 안 와도 나는 집사람과 꼭 올게."

  집사람 마음을 잡아서 백운천 줄기 어디쯤 자리 잡고 1, 2년을 살아보고 싶은 생각을 하고 있는데 그곳은 석천리 장금터이다.

  마을 뒤로 천등산과 백운천 건너 시랑산이 우람하고 마을 앞으로 백운천이 아주 큰 뱀처럼 마을 좌측에서 흘러 앞으로 지나 우측 끝에서 머리를 바깥쪽으로 틀고 충주댐으로 나간다.

  실개천이 휘돌아 가는 것이 아니고 백운천이 우람하게 휘돌아 나가는 동네다. 그 안의 안락한 분지로 몇 호가 작은 군락을 이룬다.

올여름에는 아내와 함께 그 동네로 1박 2일을 갈 것이다. 내가 태어난 동네와는 직선 산길로 3킬로는 가야 한다. 같은 석천리이고 우리 마을은 석문이고 친구네 집은 장금터다.

합천과 명암마을도 있다. 설경구의 나돌아 갈태~ 영화를 찍은 마을은 명암이다. 같은 석천리이다.

백운천 건너로 애련리, 오탁번 시인님이 원서 문학관을 운영하시는데 지난 2월에 돌아가셨다. 고려대 교수님이셨고 동화, 소설, 시 모두 신춘문예로 각각 등단하신 분이시다.

나는 굴비라는 시와 모든 단편소설을 참 좋아했다. 매년 들러 인사도 드렸었다. 오탁번 작가님 고향은 백운면 평동리이다. 오탁번 작가님의 단편집을 세 권이나 가지고 있는데 편마다 재미가 있어 가끔 들춰서 읽는다.

천등산이 등장하고 평동리가 등장하는 50년대 전쟁 속 이야기들이 들어 있다. 나도 석천리와 천등산을 문학으로 그려내고 싶은 것이다. 그래서 다시 살아보고 싶다.

또 충주시 엄정면 출신의 류근 시인도 이웃 면 출신이다. 고향은 문경 태생인데 엄정면과 충주시를 자주 언급하고 천등산도 수필에서 가끔 들먹이는 시인이라 나는 좋아한다.

내가 이외수 작가님 문하생 시절에 알게 된 동생뻘 시인이다.

동향 출신이고 또 정말 시가 너무 좋아서 출간하는 책마다 샀다. 지금도 가끔 먼지가 쌓이지 않을 만큼 시집을 펴놓는다.

내가 좋아하는 천등산 줄기의 당대 최고의 시인이다. 지금도 류근 시집은 10판 이상 팔리는 시인인데 언제 읽어도 늘 감동이다.

백운면에 또 한 분의 멋진 시인이 있다. 친구 동생인데 이병율 시인이고 백운면 모정리 출신으로 신춘문예 등단을 한 실력 있는 시인이다.

가끔 펴내는 여행 이야기도 아주 좋다. 당대에 시인임을 적극적으로 호응하는 멋있는 시인이다.

천등산 줄기 우리 앞마을에 이렇게 대단하고 실력으로 입증하는 문장가들이 태어난 지역이다. 고향으로 다시 들어가 정다운 이야기를 파내며 살아보고 싶다. 나도 한 시대 문학가로 이름을 얻고 싶다.

내 고향 마을에 들어가 마음껏 독서에 빠져 살고 싶다. 내밀한 아름다운 마을을 지구촌에 조금이라도 퍼 나르고 싶은 것이다. 천등산과 박달재, 시랑산, 백운천, 삼탄역을 확대경으로 조용하게 조명하며 한 시절을 보내고 싶은 마음이 은근히 생긴다.

꿈은 이루어진다. 하고 싶은 일은 다 해보았으니까.

어머니

어머님은 해마다 저에게 이런 말씀을 하셨어요.
"널, 공부만 시켰으면 참 잘 살아갈 거다."

하얀 도시 콘크리트 숲에서 결혼하고 20년을 건성건성 정을 나누며 살아올 동안, 서로 정신의 영역에 피해를 주지 않으려고 조심하며 살아왔지요. 배려하는 동거, 그 이상도 이하도 아니었어요.

어머님은 살림에 보탠다며 낮이면 시장 구석진 곳에서 고추 다듬는 일을 하시고 돌아가시기 몇 년 전까지 하셨지만 저는 알아요. 살림을 위한 것보다는 며느리에게 낮에라도 편하게 해 주시려는 20년 동안의 배려였다는 사실을….

그래서 눈이 오나 비가 오나 시장을 나가시곤 했었지요. 아들인 저는 억장을 감추고 살았지요. 그 강처럼 깊은 사랑을 알고 있었지요.

어느 해는 가는 명절만 빼고 거의 시장에서 보낸 적이 있었어요. 물론 그렇게 벌어 주신 푼돈도 때로는 우리 아이들에게 힘이 되었지요. 80세가 넘도록 병원을 모르신 채 살아주신 그 건강이 더 고맙기도 했습니다.

어머니 살아 계실 적에 아내도 가끔 표현했었지요. 건강하시기에 동거가 힘들지 않았고 낮에 일을 가지고 계셔서 서로 힘든지 모르고 살아왔다고요. 그래서 제가 어머님을 모셨다고 하지 못하고 간편한 동거로 표현을 한 것입니다.
서로 불편하지 않은 선에서 조심하고 배려하고…. 그저 갈등하지 않고 사는 것이 행복이려니…. 부모와 자식 사이가 아닌 생존의 편리 속에서 사셨던 날까지 이어져 온 셈이지요.

어머님 말씀처럼 저에게 가르쳐 준 것도, 물려준 것도 없어 괴로워하시는 모습을 보이시기도 하셨지요…. 그러나 저는 한 번도 원망이나 불평해 본 적이 없었지요. 경쟁력 넘치는 덩치를 주셨고 세상을 아름답게 사는 감성을 주셨고 부지런함을 물려주셨습니다. 이제 그런 것들을 저는 딸들에게 온전히 넘겨주고 있습니다.
큰 녀석 시안은 완전히 저와 판박이라서 행동의 선도 크고 세상을 바라보는 시선도 똑같고 세상 어느 곳에서든 자기 몫을

해 내겠더랍니다.

　작은 녀석도 당차고 야무지고 누구에게도 지지 않을 만큼 영악하고 민첩한 감성이라서 아내와 함께 녀석 이야기하다 말고 눈물이 나도록 웃곤 한답니다. 어쩜 저렇게 어머니를 또 우리 부부를 빼닮았다는 사실을 확인합니다.

　그 녀석들이 어머니 살아 계실 적에 할머니에 대한 배려도 우리를 능가하여 깜짝 놀라기도 했었어요. 어머니 살아 계실 때요.

　살아계실 때 끝내 저의 속울음을 울게 하셨어요. 그런 좋은 감성과 인성을 물려주신 어머님 때문에 이불속에서 한동안 울기를 몇 번 하고 말았습니다….

　다 큰 아들과 함께 사는 집을 두고 어머니 집으로 가셔야 한다니요? 이제는 앙상하신 몸체도 못 가누시면서 집을 찾는 어머님 때문에 마음이 무너지더랍니다. 정신이 나가신 어머님을 받아들이기가 그렇게 힘들었습니다.

　아내는 한 달 전부터 어머님이 거실에 대변 흔적을 보일 때마다 딸들과 내가 보지 못하도록 치우곤 했고 저는 어머님이 이상한 소리를 하실 때야 그 사실을 들었지요. 그러면서 친척들에게 알리지 말라 하고 다들 근심하면서 자주 오면 어머님 모습만 더 추해지신다고…. 어차피 본인 몫이라며 한사코 내 입을 조심하라고 아내는 놀란 내게 신신당부했었지요….
 마음 아픈 비밀을 품고 자다 보니 밤마다 몰래 이불만 적셨습니다.

 이미 가혹한 치매를 확인한 봄날에 무거운 큰 바위 하나가 가슴을 내리누르기 시작했지요.
 짧고도 긴 시간이었지만 이제는 그저 안타깝게 바라보아야 하는 상황이고 자식의 안타까운 마음이 절절해졌지요.
 그래서 저는 긴장 속에서 살았어요. 어머님 옆에 있는 아내에게 진심으로 감사하며 내가 할 일이란 이럴 때 더욱 가정과 사업에 몰두하여 걱정과 근심을 더는 일이겠지요. 아직 남은 시간 동안 그저 편안한 일상에서 사셨으면 하는 바람만 기도처럼 남았었고요….

 어머님이 돌아가신 지 14년이 넘었네요. 폭염이 몹시 심한 여름밤 어머님 추도예배가 다가오며 제 꿈에 어머님이 오셨어요.
 어린 날 가난이 병이어도 아프지 않았어요. 건강하여지자. 그것이 우리 집의 기둥이었지요. 가난 속에서 홀몸으로 저와 동생들을 건강하게 길러주신 어머님의 삶이 문득 그리워 이 밤에 기도 같은 편지를 어머님께 드립니다.

다녀가실 적마다 가족들 건강만 돌보아 주세요. 부와 행복은 저희 부부의 몫으로 남겨 주시고요. 저희 부부도 어머님의 영원한 안녕을 기도하며 살겠습니다.

어머니께서 예뻐한 저희 큰딸 대학원 마치면 해외 선교 간다고 하고요. 아주 예쁜 작은 딸은 애인이 생겼어요. 내년에는 시집갈지 모릅니다.
빗소리가 들리는 시월에 어머님을 생각하며 노래를 부릅니다. 어머님 은혜, 당신의 영원한 아들이 부릅니다.

난해한 아버지

아버지…. (14년 전 쓴 단편소설) 자전적 이야기

나는 지금 한 집안의 가장으로 행복하게 살고 있고 미취학 작은딸과 초등학교 2학년 큰딸을 둔 아버지가 되어 살고 있었다.

그렇지만 나는 나의 아버지에 대해서 아는 것이 별로 없었다. 이제 아버지가 되고 나니 생각이 깊어지면서 조상에 대한 핏줄의 내력과 아버지를 이해하는 마음이 생겨나기 시작했다.

지금까지 어머니와 살아오면서 아버지를 증오하기만 했다. 그리워하거나 보고 싶거나 하지 않았다. 평생 잊고 지낼 생각을 했었는데 이제는 달랐다.

북한 평안북도 소식만 있어도 할아버지 아니면 아버지의 누이나 동생들이 살고 있을 거라는 생각을 하면서 조상의 뿌리에 대한 집착이 생겨나기 시작했다.

다음 주면 나는 중국을 거쳐 북한 접경지대를 찾아가 국경에서 가까운 아버지의 고향을 건너다보고 올 계획을 세우고 있었다.

어릴 때 아버지에 대해서 기억나는 것이 있다면 얼굴 모양은 알아보지 못할 정도로 엉성한 사람의 형체가 기억 전부였다.
내가 초등학교 1학년을 다니던 초봄, 밭에 옥수수를 파종하는 바쁜 시기에 아버지는 그토록 갈망하시던 자살에 성공하셨고 어머니와 두 동생과도 동반 자살을 시도하셨는데 본인만 성공하시고 말았다.
식구들이 모두 잠든 새벽에 도끼를 휘둘러 어머니와 두 동생에게 살인을 저지르고 본인은 뒷산 밤나무에 목을 매서 목숨을 거두는 데 성공했다.

나는 장남이라 종족 보존의 유일한 씨로 여기셨는지 온전하게 그날 아침을 맞았다. 코에서 비릿한 냄새를 맡으며 잠에서 깼을 때는 방안 장판은 온통 피가 흘러 다녔고 어머니와 동생들은 상처투성이로 쓰러져 의식을 잃고 있었다.
아버지의 자리는 베개만 남은 채 텅 비어있었다. 나는 본능적으로 울음을 터트리며 외갓집을 향해서 뛰었다. 내 옷에는 피가 흥건하게 묻어있었다.

이상하게 내 기억의 필름이 끊겨버리고 약 4개월 동안 외가에서 학교에 다녔다. 집에는 절대로 못 가게 외삼촌과 외숙모가 말렸다. 무슨 일인지 내 앞에서 우리 집 이야기는 하지 않으셨다.

어머니와 두 동생은 목숨을 건지고 아버지는 돌아가셨다는 소식 정도 학교를 오고 가며 다른 사람들에게 듣곤 했는데 또렷하게 기억나는 것은 지금까지 없었다.

다만 내가 외갓집 생활을 청산하고 집으로 돌아갔을 때 엄마의 머리에 하얀 붕대가 감겨 있었다. 두 동생과 저녁을 먹을 때였다. 다들 온전해 보이지 않았다는 사실만 기억이 선명했다.

아버지의 난해한 살인미수와 본인의 자살 때문에 나는 학교에서 곧잘 놀림을 받았고 학교를 졸업할 때까지 내 얼굴에는 피멍이 마를 새가 없었다.

워낙에 내게 치욕적이고 창피한 일이어서 어린 나이에 감당조차 어려운 일이었다. 그래서 나는 아버지를 입에 올리는 적도 없었고 깝죽대며 놀리는 녀석들이 있으면 그날로 녀석의 코피가 터졌다.

조금 큰 형들이 놀리면 나는 짱돌을 집어 들고 정면으로 던져 골통을 깨서 매를 맞기도 여러 번이었다. 집에서와 외갓집에서도 또한 동네에서도 아버지에 대한 언급은 철저한 금기 사항이었다.

집안 구석에 아버지와 연관된 물품이나 사진, 아버지가 창호지로 만든 얇은 족보조차 전부 외가 어른들에 의해 태워져 버렸다. 아버지의 흔적이라고 남은 것은 하나도 없었고 농사에 필요한 지게나 연모 정도만 남아 있었다.

아버지 고향은 이북 평안북도 신의주 부근의 시골 마을이었다. 나중에 내가 커서 면사무소에 가서 나의 호적을 떼어 보니까 주소가 그렇게 되어있었다.

6.25 사변 전쟁 당시 인민군으로 전쟁에 참여했다가 포로가 되었고 반공 포로 석방 때 남한을 선택하셨는데 그날부터 망향의 한을 가슴에 품고 사시게 되었다.

살면서 어머니를 만나고 외로움에 처가 근처에 살림을 차리셨다. 날마다 장인과 장모를 마치 부모님 이상으로 공경하고 아들보다 더 잘한다고, 딸 시집을 잘 보냈다고 소문이 마을을 돌아다녔다.

아버지의 장인 장모님이 돌아가시면서 아버지 정신에 문제가 오기 시작했다. 북에 두 고온 부모님도 돌아가실 때가 되었다며 미쳐가기 시작했고 특히 외아들이라서 더욱 못 견뎌 했다. 급기야 정신 이상이 오고 말았다.

시도 때도 없이 자살을 시도하시고 기회만 도쾌하면 줄을 가지고 나무에 올랐고 그때마다 미수에 그치고 말았는데 돌아가시던 그 무렵은 좀 나아진 상황이라서 마음을 놓을 때였다.

그때 아버지의 도끼에 이마를 맞은 어머니의 이마는 지금도 머리뼈 일부가 손가락 한 마디 정도 함몰되어 흉터로 남아 있었다. 정말이지 기적적으로 살아남으신 분이었다.

피를 워낙 많이 흘려서 그때부터 겨울이나 환절기가 되면 앓아누웠다. 무엇보다 어지러워 아무것도 못 했다.

두 동생은 죽었다고 생각하고 거적 위에 아무렇게나 방치하고 오직 어머니 살리기에 몰두했는데 기적적으로 동생들이 살아났다.

생명은 버리고 싶어도 못 버린다는 말이 동네에서 몇 년 동안 돌아다녔다. 동생들은 기적의 생환이었고 그중 남동생은 이번에 나와 같이 중국으로 출국해서 압록강 변에서 아버지 고향을 살피고 올 것이었다.

그때 어머니와 동생들을 살려내느라 약간 있던 재산을 모두 소진을 해버렸고 초가집만 덩그러니 남았었다. 부쳐 먹을 밭조차 변변하지 못했고 밭이나 논이 있어도 일손이 없어서 헛일이었다.

가난 속에서 가장의 부재는 매우 삭막한 상황을 초래했다. 어머니마저 건강이 좋지 않아 나는 초등학교 시절부터 노동에 혹사당했다.

지게 일도 내게는 벅찼고 밭에 김매는 일에 지칠 때마다 아버지에 대한 원망을 넘어 증오까지 했다. 일이 너두 힘들어 자주 한탄했었다.

"왜, 목숨을 다 거둬 갈 일이지 본인만 가서 이렇게 나를 고생시키고 있나."

고단한 소년기와 무거운 지게질로 얼룩진 청소년기를 보내면서 아버지에 대한 악의적 감정은 쌓여만 갔다. 고생으로 얼룩진 자신을 돌아볼 때마다 조상에 대한 미련 따위는 조금도 없었다.

방송국에서 이산가족 찾기 방송을 연일 내보낼 때 그래도 어머니는 돌아가신 아버지를 그리워하며 혹시 모를 아버지의 친척들이 아버지를 찾을 것 같아서 텔레비전 앞에서 눈을 떼지 못하셨는데 나는 거들떠보지 않았다.

외가 친척들이 조상을 끔찍하게 섬기는 것을 보면서, 친구들이 조상의 제사를 챙기며 엄숙하게 건전 가정의례 준칙을 행하는 것을 보면서도 아무런 감흥을 느끼지 못했다.

내게 부여된 생활고를 헤쳐 나가기 급급한 날들이었기에 예민한 청소년기에는 까닭 모를 반항기에 불량한 생활을 해 보기도 했었다.

그렇게 쉽게 생을 포기하고 가족의 목숨까지 쉽게 접어 버릴 거면서 왜 결혼하고 우리를 낳아 놓았을까? 참으로 답답했다. 아버지가 계신 친구들이 상급학교 교복을 입은 모습을 볼 때마다 목이 메어 돌아가신 아버지에게 던지는 질문이었다.

고된 농사일이 나를 혹사했는지 사춘기 성장 호르몬의 진액이 빠져나가는 것 같았다. 때로는 땀과 눈물이 범벅된 얼굴로 하늘을 올려다보면 하늘은 참으로 무표정하게 나와 상관없이 아름다운 구름을 하얗게 풀어 양 떼도 만들고 푹신한 솜을 만들면서 아름답게 연출했다. 보고 있으면 약이 오르기도 했다. 구겨지는 내 청춘과는 상관도 없이.

농촌에서 내 삶을 펼치기가 너무나 아쉬웠다. 끝내 도시로 진출하고 오직 돈을 버는 데만 모든 신경세포를 모아서 한 치의 양보도 없이 남다르게 살았다.

조상과 뿌리도 변변찮은 놈이니 당연히 돈이라도 있어야만 사람 취급을 받을 것 같았기 때문이다.

부지런하게 살았고 단 한 푼이라도 소홀하게 하지 않으니 당연히 돈이 모였다. 아버지에 대한 증오는 여전했으나 결혼하고 아이들을 하나둘 낳고 보니 생각이 달라졌다.

나도 어느새 아버지가 되고 삶에 대한 성찰과 커 나가야 할 자식들을 생각하니 아버지에 대한 증오가 서서히 허물어졌다.

망향에 대한 상실감과 끝없는 외로움, 절망들이 아버지의 의식을 오래도록 휘감고 있었을 테고 포로 석방 때 남은 사람이라 정부의 은근한 감시 또한 갑갑했을 수도 있었겠다.
  극도의 외로움이나 고독이 때로 사람을 변화시키기도 하는데 아버지의 처지는 알게 모르게 이해와 용서로 흘러갔다.

  그동안 형식적으로 지내고 있던 제사도 온 정성을 들여 지내게 되었다. 북한에서 이제는 돌아가셨을 조부모님의 제삿밥도 명절 제사상에 떠 놓고 지내게 되었다.
  아버지가 외아들이었기에 당연히 제사 지내 줄 사람이 없었고 나도 나이가 들면서 북한 소식을 들어도 혹시 조상님이나 아버지 친척 소식이 없을까 귀를 기울이게 되었다.
  피를 못 속이고 때가 되면 조상을 찾게 되는 사실에 나 자신도 놀랐다. 젊었을 때 외가 친척들이 나에게 그런 말을 하면 나는 피식 웃었었다.
  내 불행한 유년은 모두 아버지가 망쳤다고 철저하게 믿어 왔었다. 그런데 자식을 낳고 나이가 들면서 달라졌다.
  동생과 나는 중국을 거쳐 장백산(백두산)을 여행하러 가고 있었다. 나보다 2살 어린 동생은 아버지가 휘두른 도끼에 맞아서 죽었다고 방치했었는데 살아났고 커 가면서 왼쪽 어깨와 팔을 잘 못 썼다. 어깨를 도끼에 맞은 거였다. 아무리 미치고 독해도 도끼로 자식 머리는 못 때리는 것이었다.

 성장하니 통증이 멎는 듯하더니 요즈음은 다시 통증이 도진 다고 출발하면서 말했다. 연변 쪽으로 탈북자나 북한을 드나드는 사람들이 많아서 약간의 웃돈만 주면 얼마든지 신의주 주변 소식은 들을 수 있다는 사실을 알고 준비해 왔다.
 아버지는 돌아가셨지만, 고모 5명 중에 분명 살아 계시는 분이 있을 거였다. 그리고 조상의 줄기를 찾을 수 있으면 이번 여행은 성공이었다.
 그렇게 하는 것이 내가 오랫동안 증오해 왔던 아버지에게 망향에 한을 풀어드리는 셈이었다.
 아버지 산소에 가서 봉분의 흙을 조금 퍼왔다. 고향이 보이는 강변에서 흙을 뿌려드리고 할아버지에게 술잔을 부으며 제사를 지내드리고 갈 생각이었다.

 장백산 관광을 마치고 신의주가 건너다 보이는 강변 마을로 우리 형제는 향했다. 일행은 모두 다른 일정의 여행이 있었으나 우리 형제는 이제부터 진짜였다.
 강변이 가까워지면서 우리 형제는 긴장했고 안내 가이드만 압록강 주변을 수시로 이야기해 주었다. 돈으로 미리 북한을 드나드는 사람을 수배해서 다녀오게 했으니까 강변 도착과 동시에 그곳 소식을 들을 수 있었다.

　가이드들이 우리보다 먼저 북한을 다녀와서 기다리고 있었다. 40대 조선족 사람이었는데 북한과 중국을 오가며 밀수를 한다는 사람이었다.

　우리에게 엄청난 소식을 전해주었다. 놀랍게도 우리 아버지가 저 땅에 살아있다는 거였다. 우리 형제는 깜짝 놀랐으나 그는 사진까지 가지고 왔다. 정황으로는 분명 아버지였고 함자도 같았다. 살아 계시면 나이도 딱 맞아떨어졌다.

　조부모님은 모두 돌아가시고 아버지는 남한에서 12년 정도 있다가 돌아와 살고 있다는 거였다. 참으로 기가 막힐 노릇이었다. 그래서 우리 형제는 국제 전화가 가능한 인근 마을로 찾아갔다.

　30년 전 나무에 목을 매고 돌아가셔서 고향 뒷산에 묻혀있는 아버지가 이곳에서 살아계신다니 우선 외삼촌에게 전화를 드려봐야 할 것 같았다.

　멀쩡하게 살아계신 아버지에게 우리 형제는 어릴 때부터 제사를 지낸 꼴이었다. 사진 속의 모습은 분명 아버지였고 또 돌아가신 것도 분명했다.

마침, 이제는 바깥출입도 못 하시는 외삼촌께서 전화를 받으셨다. 나는 이곳의 상황을 전해드리면서 떨었다. 아무래도 내가 모르는 음모들이 있는 것 같았다. 그러고 보니 아버지의 무덤을 놓고 뭔가 석연하지 않은 일들이 꼬리를 물고 나왔다.

"얘야, 거기까지 갔구나. 너의 아버지 무덤은 헛무덤이란다. 그때는 그럴 수밖에 없었단다. 너희 아버지가 식구들을 다 그렇게 망쳐놓고 이북으로 도망을 갔고 우리는 너희를 위해 얼른 너희 아버지를 새벽에 묻은 것처럼 작은외삼촌이랑 서둘러 봉분을 만들었단다. 월북자의 아들로 너희가 크는 것보다는 사망자로 해 두면 아무런 제재가 없었던 거다. 그리고 너희 아버지가 각본을 짜놓고 일을 저질러 우리는 수습만 했을 뿐이다. 오해는 하지 마라. 내가 죽기 전에 다 이야기해 주려고 했는데 먼저 알았구나. 그 사실을 너희 엄마도 모르니 절대로 이야기하지 말고 또 누구에게도 말하지 말아라."

한 대 얻어맞은 기분이었다. 어머니도 동생들도 모두 살아 있는 이유를 이제야 알 것 같았다. 아버지는 처자식에게 도끼를 휘두르면서 결코 악독할 수가 없었다.

도끼로 맞으면 다 죽을 터인데 안 죽을 만큼 맞은 것이다. 그리고 아버지는 북으로 되돌아가신 거였다. 나는 지금까지 무지하게 아버지를 원망했다.

　가족의 목숨까지 거둬 갈 무서운 사람이라서 어쩌면 인간 세상에 태어나지 말아야 할 사람으로 늘 생각해 왔었다. 그런데 북한 땅에 살아 계시다니!

　동생 눈에서도, 내 눈에서도 눈물이 흘러내렸다. 압록강은 우리 형제의 슬픔을 음미하며 흘러내리고 있었다. 아버지의 운명이나 우리 형제의 운명이나 기묘하고 기구했다.

　같은 하늘 아래 이렇게 슬픈 일이 있다는 것이 믿어지지 않았다.

동성들의 느끼한 쪽지를 받는 얼굴

　해맑은 웃음과 겸허한 표정으로 세상을 바라보고 싶은데 그것이 잘 안 됩니다. 그런데 어느 휴대전화기 카메라에 찍힌 저의 사진이 마음에 들어서 내 얼굴을 찍은 사람의 허락도 받지 않고 이렇게 모셔 와 사용해 봅니다.
　조금은 성공하고 있다는 소리를 듣고 있지만 아직도 가야 할 길은 멀고 몹시 험하고 만만하지 않습니다. 올라가는 만큼 대가를 반드시 집어넣어야 하니 쉽지는 않지요.
　어느 정도의 성장일지 모르지만, 아직도 대가를 준비하고 있으니 그만큼 성장의 그래프 존은 많이 남아 있는 것이지요.
　달걀은 100그램에 300원 하는데 왜 소고기 100그램에 5,000원이 넘을까요? 희소성, 가치, 맛…. 등 이유는 다양하지만, 정답은 하나입니다.
　달걀은 암탉이 매일 낳을 수 있는 것이지만 소고기 100그램은 소를 죽여야 얻는 것이란 사실이지요. 소의 생명이 없어져야 생길 수 있는 대가의 가치가 이렇게 엄청난 것이지요. 저는 언제나 대가의 가치를 소중하게 여깁니다. 공짜는 절대로 없으니까요.

자만은 금물이고 기본에 충실해야 하고 집중력의 순도가 높아야 하는 것이고요. 어느 것 하나 소홀히 하면 결코 균형 잡힌 성공을 기대하기 어려울 것입니다.
이제 어느 정도 성공했는데 왜 그렇게 전국을 뛰어다니느냐고 질문을 많이 받는데 나의 대답은 명확합니다.
기본기에 충실해야 하고 고객들과 약속도 철저해야 합니다. 무엇보다 생각의 속도만큼 실천 속도가 빨라야 성공할 확률이 높은 것이기에 쉴 새가 없지요.
저도 허방을 짚고 넘어지기도 한답니다. 수업료가 아파트 한 채 값일 때도 있었지요. 그러다 보니 늘 겸손한 자세로 다닙니다. 얼굴에도 겸손이 가득한 표정을 만들고 싶습니다.

누군가 찍은 저의 모습 사진을 나는 무척 좋아합니다. 사진에서 편안하고 긍정의 에너지가 전면에 가득하니 이렇게 편안해집니다.
이 얼마나 좋은 일입니까? 내가 나의 표정에 홀딱 반했어요.

앞으로도 계속 사람 좋은 인상으로 세상을 어루만져 줄 것입니다.

욕심보다 솔선수범을 기초로 세상을 뜨겁게 사랑할 겁니다. 좋은 웃음의 내면에는 약속과 책임이 가득 차올라 있어요. 살아가는 내내 밝은 표정으로 살아갈 것입니다.

저는 드림 마니아이고 폭주 기관차이기 때문입니다. 또한 영원한 방랑객이자 어린 왕자이기 때문입니다. 그리고 아름다운 세상을 사랑하거든요.

다만 여기저기 글을 쓰고 내 사진을 가끔 노출하니 여성보다 동성 남성들의 프러포즈를 6개월에 한 번씩은 확실하게 받네요.

느끼한 동성들이 댓글과 쪽지로 접근해 올 때 직감으로 알아차리게 됩니다. 1년에 2번 정도는 받으니까요.

묘하고 기분 나쁨에 놀라면서 상처받지 않게 정중하게 거절은 합니다. 그분들의 한결같은 말씀은 얼굴을 보고 느낌이 좋아서 접근했답니다. 본인이 좋아하는 스타일이라고 스스럼없이 말씀하시는 분도 계셨어요.

아, 내 얼굴에도 반응하는 사람들이 있구나 하고 넘어가기까지 저도 시간이 걸렸답니다. 그리고 기묘한 위안을 받기도 합니다.

  동성이든 이성이든 연애 감정으로 접근해 와도 모든 것들, 즉 아름다운 사람 세상, 아름다운 자연, 취미 분야 등 사랑하는 대상이 넘치다 보니 따로 퍼 드릴 연애 감정이 없답니다.

  칠칠찮은 사랑을 남발하다 보니 이성이나 동성에게 별 관심을 두지 못합니다. 만인, 만물을 대상으로 삽니다. 특히 무심천을 걸으며 사랑의 대상이 대폭 늘어나 사랑의 고갈을 근심할 정도입니다. 다만 육욕으로 느끼하지 않은 것이라면 조금 받는답니다.

  오늘은 그동안 미뤄져 왔던 머리를 깎았습니다. 며칠 전 상고머리 이야기를 쓰고 바로 깎아야 했는데 오늘 시원스럽게 깎았답니다.

  17년째 제 머리를 깎는 분인데 내일은 휴일이랍니다. 요즈음 카카오스토리에서 저의 동정을 모두 파악하고 계셔서 깜짝 놀랐어요.

  단골 미용사도 제 글을 읽으며 동기부여가 되어 무심천도 걷고 또 사는 동네 뒷산도 아침마다 오른다는 거였어요. 되려 나 때문에 걸으면서 몸이 좋아지셨답니다.

  미용을 마치니 제모습이 갑자기 잘생기고 반백이 주는 중후

함이 좋아서 오늘은 저의 인상적인 모습을 주제로 삼아봅니다.

단골 미용사는 저를 보면서 표정이 참 좋다고 칭찬해주시는데요. 지난번 제 머리 깎을 때 보다 훨씬 날씬해져 있다고 합니다.

제 뱃살은 요지부동이라 완전히 내 안에 적폐 청산 우선순위 대상입니다. 오늘은 저의 모습을 중심으로 글을 써 봅니다.

지구별 독서 여행이 게을러진다.

 오묘한 가을이 내 곁을 지나가고 있다. 가을이 오묘하니 신묘한 일에 푹 빠져 정신없이 살고 있다.
 지난 7월부터 나는 신묘한 일에 멱살 잡혀서 쫓기듯이 정신없다. 삶이 이렇게 나조차 잃어버릴 정도로 휘몰린 듯 사는 때가 있다는 것을 실감한다.

 그동안 잘 살아왔다는 증거일지 모른다. 늘 무엇인가를 할 때 온갖 정성과 열정을 온통 쏟아내듯 하는 성격이다 보니 어영부영은 하지 못한다. 그렇다고 속 시원하게 쟁취해서 높게 쌓아 놓지도 못한다.
 그저 손해가 아닐 정도로 취득을 할 뿐이다. 모질지 못하고 스스로 지독하게 냉정한데 타인에게는 냉정하지 못하다. 그러해서일까 열심히 살아왔는데 태산같이 쌓아놓은 것이 없다.

쌓아놓은 것이 없지 않다. 사람이 남아 있다. 돈은 놓쳐도 사람은 안 놓친다. 신문선 축구 해설가의 해설처럼 공은 놓쳐도 사람을 놓치면 안 되는 것처럼 사람은 전국 곳곳에 내 이름 석 자를 인정해 주는 사람들은 넘쳐난다.

물론 섭섭해서 등 돌리고 있는 고객님도 있겠지만 대체로 사람이 남아 있다. 그러니 오묘한 가을이 바쁘기만 하다. 좋아하던 책 한 줄 못 읽고, 사진 한 장 못 찍고 글쓰기조차 어렵다. 그렇게 바쁜 시간이 흐른다.

무려 7년, 쓰던 글조차 손에서 멀어질 정도로 지금 정신없다. 그런데 잊지 않고 하는 것이 있다. 책은 못 읽어도 욕심은 있어 서점에 자주 간다.

어제도 단골 서점에 가서 책 두 권을 골랐다. 언제 읽을지는 모른다. 지금 하는 신묘한 일들이 꽃 피워서 재미나게 종식되면 시간이 날지 모르겠다.

올 전반기에 산 책은 얼추 읽었다. 중반기부터 못 읽은 책이 누적되어 간다. 시월 말 내 생의 세미나를 위해 2박 4일 제주도를 간다.

그때 책을 싸 들고, 가고 오는 비행기 속에서 실컷 읽을 마음을 가지고 있다. 편도 한 시간이지만 책 한 권 절반을 읽을 시간이다. 오롯한 독서 시간이기에 매우 기쁘다.
　오묘한 가을을 신묘하게 읽고 가는 어린 왕자가 자꾸만 멀어지는 지구별 독서 여행을 다시 꿈꾼다.

　오늘은 꿈이 있는 청주에 머물렀다. 징검다리 연휴지만 무척 많은 계획이 토막토막 줄 서 있는 형국이다.
　좋아하는 가을 드라이브도 못 떠나고 일에 붙잡혀 있다. 블로그에 카테고리가 서너 개 있고, 유튜브 채널도 잘 진행되고 있다.
　유람선 여행도 이제 자리를 잡아 가고 있어 전설의 유람선 여행 길잡이 책과 영상을 많이 만들어야 하는 가을이다. 많이 읽고 경험해야 주옥같은 결과물이 주렁주렁할 텐데 너무 바쁘다.
　지구별에서의 독서를 건너뛰게 될까 걱정이다.

독서가 내게 준 고약한 병

책을 좋아해서 얻은 병이 하나 있는데 바로 이야기도 곤란한 치질이었다.

어릴 적부터 책을 손에 쥐면 끝까지 읽는 습관이 있었는데 시골에서 농사짓느라 낮이면 책이 좋아도 어머님에게 눈치가 보여 읽을 수가 없었다.

또 다른 이유는 어머님은 내가 책을 읽는 모습만 보아도 돈 때문에 진학을 못 시켜 준 사실에 가슴 아파하셔서 드러내 놓고 읽을 수가 없었다.

밤에 조심스럽게 읽었다. 그러다 보니 화장실에서 오랫동안 앉아 읽는 습관을 들이게 되었다. 그렇게 해서 내 병이 시작되었다.

스무 살도 되기 전 치질이 생겼다. 별로 심각하게 느껴지지 않아 방치하였고 화장실에서 책 읽는 습관은 공고히 길들어 버렸다.

 치질은 잊을만하면 내 인식 속에 나타났다가 없어졌다가 하면서 커지더니 급기야 30대 중반이 되어서는 변에서 빨간 피가 나오기 시작했다. 그리고 내치핵이 외치핵으로 되어 배변 시 가끔 보이기 시작했다.

 병이 병 같지 않으면서 신경을 건드리고 드러내 놓고 싶지 않아 병원에는 가 보지 않았다. 가끔 심각함이 느껴지면 어른들에게서 들었던 민간요법을 사용해 보기도 했지만, 차도가 없었다.

 치질이 심해지면서 변에 피가 심하게 나오면 한 종지 정도 나왔다. 그때부터 자주 하던 헌혈도 빈혈이 걱정되어 피하게 되었다. 그렇게 심각한 일이 자주 번복이 되는데 치질로 병원 가기가 죽기보다 싫었다.

 변비가 생기면 좌약도 썼다. 빈혈이 느껴진다 싶으면 임산부가 먹는 철분제를 자주 사 먹으면서 병원은 이상하리만큼 가기 싫었다. 치질은 창피하고 번거로운 병이었다.

 변의 균형이 깨지거나 술을 폭음하는 날 뒤에는 으레 피가 주삿바늘에서 주사약 나오듯 쏟아지기 시작하면서 심각성은 날로 더해가기 시작했다.

  치핵에 수은 집어넣어 치질 덩어리를 썩어 문드러지게 하는 치료도 알음알음으로 소개받고 찾아가 보았으나 적절한 치료 같지 않아서 포기를 하면서 병원은 죽어도 가기가 싫었다.

  사십이 넘어서자 변의 양보다도 피의 양이 더 많아지기 시작하면서 빈혈성 혼절이 가끔 왔다. 산을 타는데 정상에 서면 어지럼증이 올 정도의 고소공포증이 생겨났다.

  몸은 전보다도 뚱뚱해져 100kg이 넘는데 몸에 핏기가 하나 없어 보이기 일쑤였고 급기야 병원을 제 발로 3년 전에 찾아갔다.

  이름도 알맞게 지은 항문외과 비슷한 창문외과였다. 그렇게 치질은 내 인생 전반전을 빈혈의 공포와 대장암 공포를 안겨 주었기에 단호한 결정을 할 수밖에 없었다.

  환부를 들여다본 의사는 하루가 급하다고 날을 잡았다. 병원을 찾은 그다음 날 수술 일정이 잡혔다. 다른 대장암이나 그런 것은 없어서 다행이었다.

  부분마취로 하체만 전체가 마취되고 수술이 진행되었다. 마취 때문에 통증은 느껴지지 않았는데 의식은 멀쩡해서 다행이었다. 혼절하는 마취를 할까 봐 걱정했었으니까….

30여 분 걸리는가 싶더니 수술은 끝났고 의사는 내게 달걀 덩어리만 한 치질 덩어리를 보여주며 수술이 잘 되었다고 했다.

수술실에서 일반 병실로 옮겨가기 위해 수술용 침대에서 이동용 침대로 나를 옮길 때 문제가 발생했다. 간호사 2명과 의사가 나를 이동용 침대로 옮기다가 내 몸무게를 견디지 못하고 두 침대 사이로 나를 빠뜨려 버렸다.

나는 두 눈을 뜨고 바라보면서 마취 때문에 힘을 쓸 수가 없었다. 처음에는 가볍게 생각하고 3명이 나를 들어 올리려고 하는데 들지 못했다. 간호사 2명과 수술했던 의사 선생님이 더 달려왔지만, 그래도 못 들었다.

나 자신도 나를 바라보며 힘을 쓰지만, 하반신 마취로 허사였다. 다시 2명이 더 달려왔지만, 시간은 지체되었다. 급기야 사무실 남자 직원 2명이 더 달려와서 나를 이동용 침대에 올릴 수 있었다.

10분은 족히 걸리는 시간이었다. 9명이 내 몸뚱이 하나를 가지고 씨름을 한 셈이었다. 의사도 놀라고 간호사들도 직원들도 놀랐다. 나는 나대로 큰 충격을 받았다. 2~3명의 사람이 나를 번쩍 들을 수 없다니….

몸무게가 심각하게 무거워질 줄 몰랐다. 더구나 의식이 멀쩡해서 전부 보고야 말았으니 어쩌면 치질 수술한 것보다 창피하고 슬픈 일이었다.

옆에서 그 광경을 못 보았던 아내는 내 이야기를 듣고 배꼽을 쥐고 웃었으나 나는 치질과 빈혈보다 더 크고 다른 고민을 한 채 병원을 나섰다.

사실 아내가 며칠 간호하는데 몸무게가 무거워서 무척 고생했다. 그때부터 몸무게가 내 의식을 내리누르기 시작했다. 전에는 전혀 심각함을 몰랐었다.

아내가 가끔 이렇게 말을 한다.

"당신은 절대로 물에 빠지면 안 된단다. 물에 빠져 허우적거리는 당신을 건져 낼 때도 열 사람이 필요하다. 그리고 당신이 먼저 몸져눕게 되면 당신 골격이 너무 크기 때문에 매우 걱정이 된다."

나도 속으로 은근히 걱정하고 있었다. 언젠가 살 빼기를 꼭 시도할 것이다. 지금은 성악 중에 테너를 좋아해서 살을 빼고 싶지 않다. 몸이 악기라고 지금 가장 적절한 성량을 낼 수 있는 몸이기 때문에 그대로 유지하려고 생각하는 편이다.

다만, 몸무게는 내게 커다란 충격을 준 것은 사실이었다. 20년 전 이야기를 다시 꺼낸 것은 독서는 여전히 진행형이니 조심해야 한다는 생각이 들어 확인차 쓰는 거다.

지난여름 8kg 정도 영토와 무게를 줄였는데 바쁘니 현상 유지도 벅차다. 응원해 주시는 분들 덕분에 무게가 112kg에서 이제 확실하게 108kg에 걸려 있다. 분명 내려갔다. 조금 더 노력하면 두 자리로 폴짝 내리뛸 것 같다.

도전은 시작되었고 여전히 진행형이다. 그래서 응원을 부탁드릴 겸 수치심을 느꼈던 이야기를 쓴다. 언젠가 두 자리로 곤두박질쳐야 하기에. 하하

여전히 밤에는 책을 뒤적인다. 난 활자 중독증 환자.

생애 최고의 요리도 했다.

어릴 때부터 나는 요리를 무척 좋아했다. 특히 요리의 응용력이 좋아서 재료만 대충 갖춰져 있어도 결코 실망하게 하지 않을 자신이 있었다.

감자 요리, 버섯요리, 매운탕, 찌개 등은 항상 제맛을 살려서 끓여 내는 데 자신이 있었으며 지금도 김치와 봄나물을 감칠맛 나게 무쳐놓는 것은 다른 사람들의 추종을 불허할 정도였다.

라면은 방법만으로 10여 가지 요리하는데 우리 딸들은 지금도 아빠의 라면을 가장 좋아한다. 케이크도 멋지게 장식까지 만들 수 있으며 버섯 피자 등은 가끔 식구들 생일에 실력 발휘한다. 냄새 안 나는 수육은 감히 최고다.

이렇게 무더운 날 식구들이 모두 교회에 가고 나면 나는 마치 의식을 거행하듯 엄숙하고 정성스럽게 국수를 삶아서 갖은 맛을 내어 하느님께 기도를 마치고 돌아온 식구들에게 감동을 선사한다. 내 국수 요리는 하느님도 홀딱 반할 정도이다.

22살 때 농촌촌락(4-H) 청소년회, 회장을 맡아 이끌어 가면서 생애 가장 기막힌 요리를 해 보았다. 앞으로 내게는 전무후무한 요리로 기록될 소지가 농후해서 가끔 회상한다. 그리고 혼자 실죽 웃는다.

지금처럼 유월 후반기였던 것 같았다. 시골 면 단위에서 순수한 농업을 꿈꾸는 청소년들(4-H 회원들)끼리 모여서 호연지기와 이상 실현을 도모하는 행사로 캠프 회가 열렸다.
삼탄강(영화 박하사탕 마지막 장면을 찍은 곳) 유원지에서 2박 3일로 짜고 남녀 혼성으로 40여 명 정도가 모여서 행사가 꾸며지는 의미 넘치는 행사였다.
행사에서 나는 정말이지 잊지 못할 요리의 자료와 기상천외한 맛으로 절반 인원을 감동과 기절에 가까울 정도로 뚜렷한 요리를 해 냈었다.
내가 식사 당번으로 배정된 것은 행사 이틀째 점심이었고 내가 자진했던 요리는 소시지를 곁들인 무찌개였다.
나 말고 여자 세 명과 남자 한 명이 더 있었는데 담당들이 배정되어있어 자신의 분야만 확실하게 하면 되는 거였다. 사실 나는 당번이 되기를 바랐던 사람이라서 그날 새벽부터 일어나 신나는 맛을 고민했었다.

아침 식사를 마치고 잠깐 휴식 시간에 강 쪽을 바라보며 담배를 피우는데 타지에서 온 듯한 남자들 2~3명이 투망으로 피라미를 잡으며 강줄기를 거슬러 올라가고 있었다.

소주 됫병 값 정도를 가지고 그분들에게 피라미 두 사발만 달라고 했더니 흔쾌히 두 사발 정도를 나눠주고 떠났다.

나는 피라미 무찌개를 구상하며 피라미가 많이 들어간다고 연신 광고했다. 모두 은근히 피라미를 기대하는 눈치였고 나는 온갖 정성을 들여 찌개를 준비해 나갔다.

먼저 양은솥에 무를 썰어 넣고 간장과 기름에 한동안 볶았고 그다음 물을 붓고 소시지와 손질한 피라미를 썰어 넣었다.

오늘 나만의 요리 비법도 썰어 넣었다. 고추장을 풀고 풋고추를 숭숭 썰고 양파도 썰었으며 각종 양념을 풀어놓으며 성스러운 요리를 했다.

6월 뙤약볕은 뜨겁게 모래사장을 달구었고 장작불을 지피며 하는 요리였기에 이마에 땀이 비 오듯 흘러내렸다. 나는 그다지 개의치 않고 연신 호호 불어가며 맛과 간을 맞췄다. 마치 요리에 어떤 기를 불어넣듯 진지했으며 찌개 맛이 최고이기를 엄숙하게 기도까지 했다.

　양은솥 가득히 끓어오르는 저 붉고 먹음직스러운 찌개를 보며 남에게 무엇인가 해 주기 위해 정성을 들이는 것도 커다란 행복임을 느꼈다.

　이윽고 기다리던 점심시간, 피라미 소문 덕분인지 아니면 일품의 맛 때문인지 찌개는 그만 조금 모자라고 말았다. 밥도 국도 남았고 반찬도 남았는데 찌개만은 예외였다. 들과 강에서 먹는 음식은 자유로움과 주변 경관의 정취로 맛이 유별남을 알았지만 분명 예외였다.

　나는 모자라서 먹어보지 못했지만, 대단히 흡족했으며 오후 일정이 내게는 깨소금 같은 시간이었다. 오늘 자정에 품평회를 해 볼 생각이었다. 대단히 경건하고, 엄숙하고 감동의 요리였기 때문에 평가받고 싶었다.

　드디어 하루를 평가하는 평가회도 끝날 즈음이었다. 자정이 가까워졌다. 구슬픈 소쩍새 울음소리 먼 데서 들리고 나는 손을 번쩍 들고 일어섰다.

　"오늘 묻고 싶은 게 있습니다."

　졸린 40명의 눈초리가 내게 쏠렸다.

　"저는 요리에 관심이 많아요. 오늘 점심 찌개 감동하신 분 손뼉 좀 쳐주세요."

일제히 박수가 터져 나왔다.

"고맙습니다. 오늘의 기막힌 재료를 공개하겠습니다."

나는 숨겨 두었던 증거품인 뱀의 머리와 꼬리를 들어 보여주었다. 다들 토끼 눈이었지만 그래도 못 믿겠다는 눈치였다.

"에이, 그래도 숫 칼질하다 보면 대번에 눈치를 챌 텐데요?"

"그래서 3센티 정도로 자르고 자른 토막을 마치 장작 패듯 4등분으로 갈라서 넣었기 때문에 나도 피라미와 구분을 못 했는데요. 오늘 아침 일찍 일어나 강가를 산책하다가 한 50센티 되는 이놈을 붙잡아 숨겨 두었었지요."

"맛이 없었으면 죄송하게 되었습니다."

"괜찮습니다. 잘 먹었습니다."

재미있다는 표정의 남자들이었다.

남자들은 더러 낄낄거리며 어쩐지 맛이 이상하더라는 것을 연발했지만, 절반의 여자들은 갑자기 증오스러운 눈빛과 함께 뱀 찌개 식사 후 자정이 되었음에도 풀밭으로 뛰어나가 몇몇은 토악질을 하는 거였다.

적당히 즐기려던 나는 갑자기 죄책감에 빠져들었다. 그러나 엎질러진 물이었고 여기저기에서 퀙, 퀙 소리가 고요한 여름밤을 장식하고 있었다.

원시인, 미친놈, 갖은 욕설도 간간이 내 귀에 들려오고 쥐구멍에라도 들어가고 싶던 나는 술을 병 채로 입에 대고 마시며 속죄처럼 잠들고 싶었으나 뜻대로 되지 않았다.

 행사가 종료될 때까지 나를 야만인 대하듯 하며 눈길조차 주지 않는 여자들도 있었다. 정말이지 그 정도로 여파가 커질 줄 몰랐고 워낙에 장난기가 많았던 청소년 시절 아니었던가.
 훗날 뱀고기를 먹은 여자들을 만났는데 좋은 추억이라고, 그때 아니었으면 뱀 고기를 언제 먹어보냐며 신나게 웃는 것이 아닌가.
 사실을 확인하면서 나는 그때의 요리가 내 생애 최고였음을 인식하게 되었다. 지나가고 나니까 모두 그때 그 찌개가 맛있던 모양이었다.

 그 사건 이후 편해진 것은 어느 모임이고 식사 당번으로 추대된 적이 없음을 밝혀둡니다.
 그래도 딸들이 크면서 자주 요리합니다. 지금도 뚝딱이 요리사입니다. 음식에 궁합을 잘 알아서 냉장고 남은 반찬으로 뚝딱해 내는 솜씨가 있습니다. 다 큰 딸들이 가끔 제 요리를 찾기도 합니다.
 요즈음 뚝딱 만들 수 있는 것은 참치를 볶은 덧밥입니다. 그러나 전국을 다니며 장사하는 지금은 손을 놓고 있습니다. 너무 바쁘다 보니 귀찮아하는 마음에 빠져있기도 하고요.

뚱뚱함의 인기와 쇼크사 위험

내 뱃살의 체지방, 내장 속 체지방도 내성이 생겼거나 아니면 몇 번 시도 끝에 근육으로 굳어져 버렸거나 아니면 몸 주인의 늑대 소년급 헛방 같은 노력에 몇 번 속고 나니 진정성 있는 시도를 깔본 것일 수도 있겠다.

지난여름 급기야 산티아고 순례의 길 걷기를 거창하게 버킷 리스트 순위에 올려놓을 정도로 도전의 강도를 높였다. 따라서 모든 겨자씨 정도 결과에 기죽지 않는다. 결국 태산같이 창대한 결과를 창출할 테니까.

2007년도에 있었던 웃지 못 할 일이었다. 타인들이 적극적인 내 몸살 빼기를 시도했고 쇼크사만큼 재미있는 실패가 있었다. 지금도 그때를 생각하면 웃음이 나온다.

내 몸무게는 119kg였다. 청주 남성합창 단원이었고 미래에

셋에서 전국 정상급 최상위 영업 매니저로 전설을 이루고 있었다.

액체로 된 제품만 마시며 열흘 정도 비우기로 살을 뺀다는 S 랜드 라고 알려진 방문판매 회사가 있었는데 유독 청주에서 번성했다.

당시 S 랜드 청주지점장 한 달 수입이 2억이니, 3억이니 소문이 크게 퍼져 나갔고 많은 사람이 방문판매 회사로 몰려들었다.

지점장은 늙으신 아버지의 차도 BMW로 사드렸고 한 달 용돈을 5백만 원씩 준다는 소문이 파다하게 돌았다.

S 제품으로 살 빠지는 것이 눈에 보일 정도로 확연하고 돈을 무더기로 버는 소문까지 퍼지니 많은 사람이 방문판매에 뛰어들었다.

내 지인들은 S 제품에 효과를 습득하고 나면 뚱뚱한 나부터 찾아왔다. 내 몸을 눈으로 훑어 내리며 백만 불짜리의 몸이라는 거였다.

허락도 없이 옷을 벗기고 사진을 찍었다. 복용 전 모습을 찍고 열흘 복용 후 다시 찍으면 확연해진다는 거였다. 그러면서 50만 원 정도 되는 비싼 제품을 돈은 안 내도 되니 열흘만 밥을 먹지 말고 먹어달라고 사정했다.

뱃속 체지방을 태워 낸다는 거였다. 하나같이 막무가내였다. 백만 불짜리 몸이니 빌려 달라는 그들의 눈빛에 이상한 무엇이

썼 것 같았다. 단호하게 거절하기도 그렇고 50만 원 정도 제품을 공짜로 준다니 못 이기는 척 받았다. 그때나 지금이나 나는 공짜라면 날아오는 미사일도 받아먹을 테니까. 그러나 그들이 나를 모르는 것이 있었다. 나는 굶는 것을 하지 못한다. 몇 번 시도는 해 보았지만 두 끼를 굶는 것이 한계였다.

몇 사람이 그렇게 나를 괴롭혔다. 제품을 놓고 가면 시도해 보지만 허사였고 뚱뚱한 몸 덕분에 제품만 거실에 쌓였다. 나중에는 거절해도 놓고 가는데 어쩔 수 없었다.

나는 살을 뺄 생각이 별로 없었고 돈 번다는 소문에 전혀 관심이 없었다. S 랜드 회사에 친한 친구 한 명도, 친한 사촌 동생도 들어가서 집요하게 내게 매달렸지만 나는 사돈네 팔촌 집처럼 관심이 없었다.

나는 그때 미래에셋 청주지점에서 정점에 올라 있을 때였다. 그런데 S 랜드 최고 강자가 기발한 제안을 들고 내게 나타났다.

수원에서 S 회사 상무까지 실력으로 올라간 지인이었는데 이미 내게 도전해서 떨어져 나간 사람들에게서 나의 정보를 모두 파악하고 다가온 사람이었다.

내가 살 빼는 일과 그 회사에 별 관심 없는 것까지 파악하고 온 것이 분명했다. 수원에서 일부러 심야에 집까지 찾아왔다.

탁자에 S 제품보다 먼저 돈다발을 올려놓았다. 눈빛도 반짝

반짝 살아있고 돈도 어느 정도 벌고 있는 폼생폼사였다. 더도 말고 덜도 말고 딱 열흘만 S 제품을 먹으며 밥을 굶어 달라는 거였다.

하루를 굶을 때마다 10만 원씩 열흘 치 100만 원을 놓고 간다는 거였다. 기발한 제의에 나도 놀랐다. 살도 빼고 비싼 제품도 받고 현금 일당도 하루 10만 원씩 받으니 도랑 치고 가재 잡고 논에 물도 얻는 일이었다. 하다가 실패하더라도 개의치 않는다는 거였다. 돈은 얼마든지 벌고 있다는 당당함이 있었다. 조건이 일타 세 쌍피 이상이니 덜컥 수락했다.

기세등등한 상무는 나의 수락에 세상을 다 가진 표정이었다. 그래 네가 성공하면 나는 돈방석이다. 하는 것이 눈에 보였다. 나도 도전해 보고 싶은 동기가 생겨났다.

그다음 날부터 굶고 물로 된 S 제품만 먹기 시작했다. 하루 굶는 데 성공하고 100만 원에서 10만 원을 꺼내 쓰는 데 기분이 좋았다. 내 몸 어딘가 살도 뭉텅뭉텅 빠지는 기분이었다.

이틀째부터는 달랐다. 배가 고프기 시작했고 눈이 10리는 들어가는 것 같았다. 길가에 돌도 빵으로 보이기 시작했다. 그래도 버티고 사흘째 접어들었다.

수원 상무는 매일 전화로 표시하며 닷새까지만 버티면 된다며 칭찬을 침이 마르도록 했다. 그러나 나는 운전조차 힘들 정도로 기력이 없었다. 무엇이든지 음식으로만 보였다. 그래도 사흘은 넘겼다. 나흘째 되는 저녁에 일이 발생했다.

　남성합창단 단원중에 친한 단원의 어머니가 돌아가셨다. 단체 조문을 가는 거였다. 나는 보이는 모든 것들이 음식으로 보였고 어지러워 운전대 잡기도 힘들었다. 장례식장 가는 것도 택시를 이용했다.

　장례식장 음식이 나를 미치게 했다. 조문을 마친 단원들이 먹기 시작하는데 나는 어지러움을 느끼면서 그 자리를 피하려고 밖으로 나오는데 충북대 병원 의사로 있는 합창단원 친구가 어디 아프냐고 물었다.

　나흘을 굶은 것이 확연히 보이는 모양이었다. 나는 나흘째 굶고 있는 사연과 빈혈 같은 어지럼증을 이야기해 주었다.

　의사 친구는 나의 왕성한 식탐을 부러워할 정도로 나를 잘 알았다. 나를 똑바로 보더니 정색하며 말했다.

　"이 친구야, 당신 같은 체구는 잘못하면 쇼크사 일어나! 쇼크사 알아?"

　울고 싶은데 뺨 때려 주는 거였다. 지방 최고 대학병원 의사가 하는 쇼크사라는 말은 내게 천둥처럼 크게 들렸다. 그렇지 않아도 쓰러질 판인데 의사가 경고하니 겁이 덜컥 난 것도 사실이다.

그날 그렇게 무너졌다. 내가 지금까지 장례식장에서 먹은 음식 중에 그날 먹은 음식이 최고로 맛있었다. 그런데 상무도 꿈이 날아가는 것을 예감했는지 나흘 비운 배를 폭식으로 채우고 있는데 전화가 왔다.

내 친구 의사가 쇼크사 진단을 내려 부득이 중단했다고 알려 주었다. 나와 통화를 하는 상무에게서 꿈이 깨져나가는 소리를 들을 수 있었다. 나는 몇 번이고 쇼크사 경고를 무시할 수 없었노라고 이야기했다.

미안해서 100만 원을 채워서 곧바로 넣어 주었다. 제품은 그 뒤로 밥을 먹으며 소비했다. 그것이 도리인 것 같았다.

돈이 걸린 살 빼기도 실패한 경력을 가지고 있었다. 그때 만약, 성공했다면 상무나 내가 백만장자가 되어있을지도 모르는 일이었다.

요즈음도 살 빼기 제품이나 시스템을 만나는 사람들은 전국에서 나를 찾아온다. 다들 한결같이 백만 불짜리 몸이라는 거창한 말들을 하면서 온다. 그래서 오지 말라는 뜻으로 이렇게 게재한다.

멀리서 오면 경비 깨지고 제품 뺏기고 시간까지 뺏기니 손해가 태산보다 크다. 그리고 나는 그대들 꼭대기에 있다. 요즈음 관심사는 무심천에 내 살을 이체시키는 일이다.

씹을수록 고소한 세상

며칠 전 저녁, 큰딸하고 서울 교대에서 만났다. 현재 물리치료 대학원을 다니느라 서울의 어느 병원에서 직장 생활하고 있다. 금요일이라 내 차를 타고 같이 청주 집으로 가기 위해 만났다.

서울에서 저녁을 먹고 출발하려고 뭘 먹을까 고민하는데 딸이 먼저 제안했다.

"아빠, 내가 대학 다닐 때 아빠랑 같이 곱창구이 먹었었는데 우리 추억 생각하며 그거 먹는 거 안 될까?"

물리치료사 아니랄까 봐 한마디 덧붙였다.

"아빠, 잇몸 운동 안 하지?"

나도 그 말의 의미를 알기에 웃어 보였다.

"나, 당뇨가 있어 잘 씹어 먹어야 하는 거 알고 있어. 모든 음식 잘 씹어 먹는다. 뭐~"

사실 청주에서 자주 만나는 광식이 형님이 신신당부해 주신다. 씹어 먹는 습관이 은연중 늘어나고 있지만 아직도 맛있는 음식을 만나면 폭풍 흡입에 대충 넘기기 일쑤이다. 그래도 인지는 하고 있다.

"암튼 잇몸 운동, 물리치료를 위해서 교대에서 유명한 곱창구이 집에 갑시다."

시인이 녀석도 은근히 직업병이 묻어났다.

곱창구이가 제대로 익기 전에 먹기 시작하니 정말 질기기가 찰 고무급 이상이다. 한점 입에 넣을 때마다 30회 정도 씹어야 넘길 정도였다.

제대로 분해는 아니다. 그냥 꿀꺽 넘길 정도다. 다행인 것은 씹을수록 고소한 맛이 우러났다. 초반에 소주 2잔 털어 마시고 무려 2시간 동안 곱창을 씹으니 술도 깨고 잇몸이 얼얼하게 아플 정도로 물리적 운동하고 말았다.

옆 테이블에 손님이 2팀이나 바뀔 정도로 우리는 곱창을 씹으며 마주 보고 웃었다. 곱창구이를 먹으며 배 채우고 술김도 쏘이고, 잇몸 운동하고, 물리치료도 하고 곱창의 고소한 기름도 맛보았다.

시인과 질기고 맛있는 가족 유대감도 독특하게 맛보고 씹을

수록 고소한 세상맛도 함께 건진 밤이다.

 대구막창을 잊고 살았다. 이른 시일 내, 밥을 '꼭꼭' 씹어 먹어야 건강을 지키시는 병만 형님과 늘 오래 씹으라고 친절한 잔소리(?) 잔뜩 퍼 주시는 광식이 형님과 대구 막창 원정을 다녀와야겠다.
 씹을수록 고소한 세상도 같이 씹으며.

 시인이 하고 오랜만에 흐뭇한 데이트를 잘했다. 얼른 대학원 마치고 어려운 나라 지역으로 의료선교 떠나기를 기원한다.

4부

파랑새를 쫓던 시절

아! 야학 스토리

하늘은 금방이라도 눈이 내릴 듯 구름이 낮게 드리워져 있다. 오늘 크리스마스 날 눈이 펑펑 내려 온 세상이 하얗게 된다면 저녁에 약속된 만남이 하얗게 즐거울 터였다.

사실 시골에서 24살이 되어서야 청주로 나와 뒤늦게 공부한 답시고 덜렁덜렁 바쁘게 살았다. 직장 다니며 야간학교에 적의를 두고 바쁘게 살아서 아직은 도시 특유의 생리와 깊은 내면은 모른다.

다만 농촌보다 심한 이기주의가 있어서 순진한 내게 오히려 도움이 되는 부분이 많았다. 나는 허허실실하면서 많이 속아주며 겸손해했다. 어쩌면 바둑으로 치면 몇 수는 넘겨보듯 그들의 잔꾀를 읽으면서 내색은커녕 어리숙하게 속는 척 넘어갔다.

성암이란, 야학이었고 지방 국립대 학생들이 봉사 동아리를 만들어서 운영하는 자활학교였다. 25살, 내 나이보다 나이 든

학생이 많아서 쑥스럽거나 창피하지 않았다. 순스 문학을 전공하고 싶어서 뒤늦게 들어왔지, 먹고 사는 것이 문제였다면 나는 공부에 관심 없어도 환경에 맞게 적응하며 살 아갈 것이다.

 야학 선생님들이 나보다 어렸으며 친절했다. 성의가 넘쳤으며 눈빛이 탱글탱글 살아 있었다. 그런 분위기가 좋았고 나 또한 중등 과정 1학년을 공부하고 3명의 동기생은 나보다 어려서 나를 무척 어려워했다.

 밤에 수업이 진행되었고 우리 반에 배정된 선생님만 과목별로 7명이었다. 대단한 열정이었다.

 특히, 국어 선생님이 나보다 5살 어렸다. 선생님이었지만 내가 읽은 책이 선생님보다 많았기에 통하는 데가 많았다. 그래도 내가 이해의 폭을 넓게 가지고 있어 가끔 밖에서 술도 함께 마시는 일이 많았다. 학교 밖에서는 내가 형이었다.

 국어 선생님과 오늘 생맥줏집에서 크리스마스를 기념하기로 약속해 두었었다. 한 사람 더 약속되어 있었는더 다름 아닌 가끔 가는 생맥줏집 주인의 여동생이었다.

 30 중반을 바라보는 주인의 미모도 뛰어나서 대체로 남자 손님들이 항상 많았다. 흰옷을 즐겨 입었고 단정했으며 미소마저 일품이었다.

그런데 주인 여자의 여동생이 중등학교 임용고시에 합격하고 교직 발령을 기다리며 가끔 가게에 나와서 언니를 도와주고 있었다.

어느 정도 미모였냐면 태백산 미스 철쭉제에서 진을 수상했다고 했다. 하루는 맥주를 마시는데 카페 벽에 없던 시화가 걸려 있었다.

여름의 끝

이제 여름은 가고
육림공원 빈 의자에
노란 페인트가 마르고 있다.
낮은 음악이 등나무로 다가와
등 넝쿨을 가만히 흔들고 있다
구관조 새장 앞에서
조그만 아이 하나가 말을 가르치는 소리
사
르
비
아
햇빛 속에 한 줄로 피어 있다.

"나도 벽에 걸린 시화 작가를 아는 데 아주 좋아한답니다."
"저도 좋아해요."
예쁜 동생과 말문을 열었다.
좋아하는 문학 장르는 시조라고 했다. 나도 시조에 관심을 두고 있었으니 곧바로 죽이 맞았다. 일요일마다 술이 고프면 그리로 달려갔다. 여동생도 이외수 님에게 반해 있었고 나도 그에 못지않았으므로 자연히 죽이 잘 맞았다.
우리는 춘천을 이야기하고 사실적인 이외수의 문제를 이야기했다. 소설 『훈장』을 수없이 닮았으며 마치 자유롭게 살아가는 '들개'를 본 것처럼 이야기했다.
여동생은 나에게 궁금한 것을 묻는 것이 많았는데 나는 처음으로 가방끈이 짧은 것에 수치를 느꼈다. 그리하여 지방사립대 야간 국문과를 졸업했노라고 본의 아니게 꾸며 놓고야 말았다. 그렇게 해서 사건이 시작되었다.

눈이 펄펄 내린다면 멋진 술자리가 될 소지가 있었다. 어젯밤 수업을 마치고 국어 선생님을 따로 불러서 시간이 되면 술을 같이 마시자고 하니까 흔쾌히 약속했다.
오늘은 크리스마스 날이라서 수업이 없었고 나는 낯선 도시에서 처음으로 맞는 성탄을 외롭지 않게 보낼 수가 있었다.
도시로 낯설게 이식한 꿈만 말똥말똥했지, 상황은 모두 불리

한 상태여서 지구력은 필수가 되었다. 아마도 국어 선생님과 맥줏집 여동생만 아니면 삭막하기 그지없어질 터였다.

  약속 시간은 많이 남았음에도 공연히 기분이 좋았고 마음이 들떠 책이라도 보려고 하니 눈에 들어오지 않았다.

  약속 시간이 다가오면서 갑자기 띄엄띄엄 눈이 날리기 시작했다. 멋진 화이트 크리스마스는 당연했고 이방인의 가슴을 달래줄 술판이 기다리고 있어 외출 준비했다.

  대문 밖을 나가면 캐럴이 반짝이는 조명과 더불어 신나게 울려 퍼지고 있었다. 그때였다. 외사촌 형에게서 전화가 걸려 온 것은.

  외삼촌이 교통사고를 당해서 도립의료원에 입원했는데 위급하니 고모를 모시고 오라는 전화였다. 어머니와 병원에 택시 타고 갔을 때는 이미 숨을 거두신 뒤였다.

  아! 안타까운 교통사고였다. 왜 하필이면 나를 사랑해 주는 외삼촌이란 말인가!

  어느새 약속은 머릿속에서 지워지고 성탄의 밤을 가장 슬프게 보내야 했다. 외삼촌은 내게 가장 가까운 친척이어서 슬픔이 이만저만한 것이 아니었다.

  눈은 어두워지자마자 함박눈으로 변했고 약속을 떠올렸을 때는 이미 약속 시간 2시간이 넘어 전화하기 어려웠다.

그때 머리에 번쩍 스쳐 가는 불행한 생각이 있었다. 내가 카페 주인 여동생에게 나의 학력을 둘러댄 상황을 국어 선생님에게 설명해 놓지 않아 걱정이었다.

맥줏집 여동생과 국어 선생님의 대화 중에 나를 야학 중등부 학생이라고 이야기하면 큰일이었다. 국어 선생님은 아직 세상 때가 덜 타서 있는 그대로 나에 대해 맥줏집 여동생에게 말할 확률이 높았다.

그렇다면 나는 맥줏집에 발을 들여놓을 수가 없다. 다른 것은 괜찮은데 중학교 과정을 공부하면서 대학을 졸업했다는 것은 내게 치명적이었다.

나는 이미 눈치가 광속도 이상이라서 그런 일에 별로 실수가 없었지만, 국어 선생님은 달랐다. 주의시켜야 했는데 큰일이었다.

참으로 걱정이었다. 미리 힌트를 줬어야 했는데 미칠 일이었다. 다행히 장례를 치를 때 눈이 멎었고 날씨도 포근해서 별다른 고생은 없었다. 대다수가 그랬다. 성탄의 밤에 죽는 일은 천사가 좋은 날 택해서 모시고 간 거라고.

수긍이 가는 말이었다.

학교는 수업 중이었고 나는 조용히 뒷자리에 앉았다. 부담임 선생님 수업 시간이었다. 사회과목 담당이었고 경영학과 3학년인데 나를 참 좋아했다.

내가 좋아서 나중에 고 3까지 부담임 직책을 유지했는데 검정고시에서 중학교 사회와 고등학교 사회를 모두 100점으로 보답했다.

나는 마음이 동하지 않아 더러 힘들기도 했던 선생님이었다. 종례는 담임이었던 국어 선생님께서 늦게 나와 해 주셨다.

수업을 마친 우리는 학교 앞 포장마차로 갔다. 사흘 동안 잠을 못 잤지만, 약속했던 그날 밤이 궁금해서 졸리지 않았다. 국어 선생님이 말했다.

"와, 그 여자분 너무나 잘 생기셨고 정병국 님이 없어서 둘만의 술맛 그만이었습니다."

"혹시 저에 대해서 말하지 않으셨나요?"

"성실한 야학 학생이라고 많이 좋게 이야기했어요."

예감했던 대로 일이 진행되고 말았다.

나는 술을 마시기 시작했고 국어 선생님을 원망할 수는 없었다. 다시는 맥줏집과 미모의 자매에게 다가갈 수 없음이 커다란 슬픔이었다.

가슴 떨리던 문학과 이외수에 관한 이야기, 그때까지 누군가와 그토록 진지하게 문학을 이야기한 상대가 없었다. 국어 선생님도 실수를 인식하고 나서 연신 미안해하며 엎질러진 물을 퍼담지 못해 안타까워했다.

이미 실추된 내 이미지는 구축하기 어려울 일이었고 나는 맥줏집으로 가기가 두려웠다. 길에서 마주칠까 봐 걱정하는 신세가 되었다.

겨울은 지루하게 흘러가고 나는 그저 공부에만 몰두하려고 노력했다. 첫 시험에 중등 과정은 합격해야 했으므로 나이가 있으니 빨리 대입 자격을 획득해서 사립지방대 야간 국문학과라도 들어가야 했다.

더러 술을 마실 때는 맥줏집 자체를 멀리하고 오직 포장마차만 애용했다. 바람만 싸늘하게 불고 추위만 가른 야학 건물에서 난방도 없이 공부에 몰두했다.

전깃줄 부딪히는 바람 소리에 이를 덜덜 떨며 일과 공부를 차질 없이 했다. 나이 든 학생의 비애 따위는 야식 라면에 삶아 먹은 지 오래였다.

싸락눈이 내리는 토요일, 수업이 끝난 교실에서 모두 돌아간 뒤 나는 졸린 눈으로 책을 펴놓고 집중하기 시작했다. 그때였다. 교실 뒷문이 드르륵 열렸다.

뒤돌아본 나는 깜짝 놀라지 않을 수 없었다. 눈을 하얗게 맞고 손에는 장미꽃을 한 아름 들고 서 있는 여자를 본 것이다. 뒤에 국어 선생님도 함께였다.

"왜 우리 집에 안 오세요. 언니가 기다린다고요."

나는 할 말을 잊었다. 가슴에 까닭 모를 희망이 안개처럼 가득 몰려오고 있었지만, 마치 현장을 들킨 사람처럼 쥐구멍을 찾는 심정이었다.

훗날, 내가 1년 간격으로 중등과 고등부에 합격하고 대입 시험을 치를 때까지 그녀와 연인 사이가 되었다.

내가 대입에 낙방하자 그녀는 지방 고등학교 교사로 부임하고 나서 곧바로 신규 체육 교사와 결혼했다.

맹한 장사꾼이 월요일에 만나는 박하 향 고객

다시 월요일, 새벽을 달려 서울을 간다. 약속이 잡히면 언제나 거리 불문, 시간 불문, 비용 불문으로 달린다. 돈을 많이 벌기 위해서도 아니고 성공을 빨리하기 위해서도 아니다. 고객님과의 신뢰를 가장 우선으로 하는 약속을 지키기 위해서다.

30년을 장사로 버텨온 것이 바로 약속이고 신뢰 지수 쌓는 것에 모든 비중을 둔 결과다. 물론 때에 따라 못 지킨 것도 많지만 약속에서 늦어본 적이 없다.

항상 고객보다 먼저 도착해서 기다리는 장사꾼이었다. 그리고 솔선수범하는 편이다. 고객이 있으면 내가 부지런한 이유다.

언제나 고객의 장점만 확대경을 들여다보고 찾는다. 그것이 나의 습성이고 장점이다. 상대의 단점을 지적해 봤자 얻을 것은 하나도 없다.

나는 항상 상대의 장점을 확대경으로 바라보고 은유법적인 칭찬과 인정으로 빨리 친해지면서 깊게 오래간다.

내 고객들은 전국적으로 고루 분포되어 있다. 한번 맺은 관계가 오래도록 지속되는 이유 중 하나이다. 그렇다고 실수가 없는 것은 아니다. 실수했다고 하면 어떻게든 만회하기 위해 남다른 진심 어린 노력을 쏟아붓는다. 뭐든지 숨기는 것을 못 한다.

내가 못 하는 것이 화투나 카드다. 내 패를 감추지 못한다. 그래서 노름 같은 것은 하지 않는다. 상황을 짐작하게 하는 표정이 완연하고 숨기지 못한다. 그러한 이유로 고객들이 믿어주고 따라주어 많은 것을 얻었다.

인간관계도 좋아지고 나에게 상대방에게도 좋은 결과로 나타난다. 내 의식의 모든 촉수는 고객의 가치 있는 장점만 찾아보려고 한다. 오랜 훈련에서 비롯된 것이다. 지금도 남을 비판하거나 비평하고 불평을 잘 못 한다.

내가 어리숙하다고 하는 이유는 분별력이 약한 것이다. 장점만 보느라고 옥석을 가려내지 못한다. 단점을 보고 표시했다가 확실하게 분별해야 하는데 그런 생각을 하지 않는다.

긍정으로 수용하다가 나중에 마음 써 준 것에 상관없이 곤란을 겪는 것이다. 그렇게 뒤통수를 맞고도 다시 장사가 잘되면 모두 잊어버린다. 생각 없이 사람을 좋게 보고 믿고 가는 습성이 있다. 이 얼마나 바보스러운 장사꾼인가?

내가 보아도 바보스럽다. 사람을 놓치기 싫어하는 맹한 배려심 때문이다. 사람에 대한 무한긍정이 때로는 독약이 되는데 나는 필터링 조절 기능이 탑재되지 않은 것이 문제다.

그렇다고 후회하는 것이 절대 아니다. 그대로 맹한 장사꾼으로 남아서 '장비'같은 우직함과 의리가 있으니 오래 지나고 보면 내게 돌아오는 것이 많이 있다.

요즈음도 가끔 옛 고객님을 만나면 고맙고 반갑다. 상대방도 진심으로 반겨주니 나 자신도 훈훈하다.

오늘 월요일, 오랫동안 거래를 해왔던 중견기업의 경영자님이신 미모의 여성분이십니다…. 지성적 미소가 넘치시는 분인데 대화하다 보면 감탄과 감동이 저절로 나오는 분이라 월요일에 만나는 고객으로는 최고입니다. 박하 향과 상큼한 에너지로 저의 에너지를 끌어올려 주시는 고객님이지요.

전에 서로 어떤 대화를 나누는 거였는데 삼십여 분의 대화에서도 속으로 은근한 감동을 툭툭 던져주셨어요. 친정어머니가 치과 치료에 5백만 원 이상을 카드로 결제하셨는데 이자가 없어 2, 3개월 할부하셔야 했는데 일시금으로 하셔서 속으로 곤란했지만, 활짝 웃으며 잘하셨다고 하셨습니다.

그러면서 자신들 부부나 아이들에게 쓰는 돈은 몇 번 더 신중하게 생각하며 쓰는데 부모님에게 쓰는 것과 부모님께서 쓰시는 그것은 생각하지 않으신다는 거였어요. 친정 부모, 시댁 부모님을 위한 것은 생각을 안 하고 쓰신다는 말에 제가 속으로 감동했어요.

요즈음 자녀들에게는 아낌없이 쓰면서 부모님에게 쓰는 것은 상대적으로 인색한 편인데 그분은 말씀하시는 모습에서나 평소의 생활하시는 인성에서도 진심이 묻어나거든요.
저도 한 분 계셨던 몇 년 전에 돌아가신 어머님에게 아무런 계산 없이 풍족하게 드린 게 한 번도 없었거든요. 그때 그 30분은 대화가 제겐 박하 향처럼 좋았고 신선했어요. 하긴 그분하고는 언제나 박하 향 이상이었지요. 그런 분이 제 고객인 게 너무나 좋답니다.

사실 저는 늘 고객님들에게 삶의 수업을 받습니다. 제가 부족한 것이 많으니까 항상 채울 것이 많지요. 오늘도 고객님에게서 제 속을 가득 채우러 갑니다. 지금은 이 세상에 없는 제 부모님을 위한 좋은 것이 있다면 계산 없이 해드리고 싶은 마음이 오늘의 솔직한 심정입니다. 그러니 얼마나 맹한 장사꾼인지요. 지나고 나서 후회하는.

옥수수 튀밥 포대 속에서 마법사가 되다.

옥시기(옥수수)는 환상적인 세상을 열어주기도 했다.
초등 저학년 때 난, 책을 좋아했고 또 몽상가르 많은 생각과 상상을 하며 자랐다. 그 시절 내게 옥시기란 중요한 식량이었다. 밭농사도 옥시기였다. 일단 옥시기 밥은 거칠어서 보리밥보다 맛이 덜했지만, 옥시기마저 식량으로 충분하지 못했다.

여름에 옥시기를 통째로 쪄 먹을 때 맛은 있었다. 옥시기로 만든 올챙이묵도 자주 해 먹었다. 지금도 춘천 중앙시장을 가면 사시사철 옥시기로 만든 올챙이묵을 먹을 수 있다. 춘천을 갈 적마다 들려 어머니의 손맛을 추억하며 찾아가 한 그릇 뚝딱 먹는다. 추억을 소환하며 먹으니 언제나 맛있다.
오늘은 옥시기 튀밥을 이야기하고 싶다.

시골 마을 벽걸이 달력에 성탄절이 표시되었다. 어머니는 성탄절 먹거리로 옥시기 두 됫박을 큰마음 먹고 튀밥으로 튀겨오라고 심부름시켰다.

튀밥을 튀기러 건넛마을로 갈 때 두 동생도 같이 따라갔다. 이미 그곳에 가면 튀밥 틀이 돌아가고 도착순으로 옥시기 통이 죽 늘어서서 순서를 기다린다. 네 됫박을 튀기는 친구네가 참 부러웠었다. 뻥뻥 터질 때마다 사방으로 튀밥이 튀었고 그것을 몇 개 주워 먹는 일도 행복했다.

드디어 한낮을 다 보내고 나서야 우리 순서가 되고 두 됫박이 튀겨져서 노란 포댓자루에 가득 찼다. 그것을 둘레 매고 집으로 돌아올 때 두 동생도 득의양양 몸짓으로 포댓자루 뒤를 따라왔다. 그때 우리 3남매는 세상을 전부 가진 표정이었다.

며칠 동안, 나는 튀밥 포대에 머리를 처박고 눈을 뜨면 말 그대로 환상적인 세상이었다. 달고 구수한 튀밥 냄새도 깊어서 좋았고 그 어떤 과자 나라 보다 튀밥 나라 포대 속이 좋았다.
어떤 날은 튀밥 포대 속에 머리를 박고 잠이 들어 꿈을 꾸는데 사실처럼 날아다녔다.

천등산 도토리나무에서 옥시기 튀밥이 달렸고 나는 날아다니며 막대기로 알밤 털듯이 털었다. 동생들과 어머니는 튀밥을 주워 나르는 기이하고도 행복한 꿈이었다.

　천등산 골짜기마다 옥시기 튀밥이 즐비했고 마을 사람들도 땅에서 장대로 터느라 바빴다. 나 혼자 유일하게 새처럼 날아서 신나게 털어댔다. 꿈속만큼 나는 옥시기 튀밥 포대 속을 온몸으로 들어가 환상을 휘젓고 다녔다.

　나를 괴롭히던 동네 형들도 내가 튀밥 포대 꿈속에서 만나면 백전백승이었다. 자치기, 비석 치기도, 숨바꼭질, 오징어가이상 그 모든 것으로 승부를 겨뤄도 내가 이겼다.
　내 말을 안 들으면 코피가 나도록 두들겨 팼다. 옥시기 튀밥 포대는 내게 신기한 세상으로 나를 데려다주었다.

　그 시절 겨울만 되면 나는 마법사가 되었고 망상가가 되었고 동화 쟁이가 되었다. 포대 속에서 꾼 꿈을 두 동생에게 살을 부풀려 이야기해 줄 때면 동생들도 친구들도 넋이 빠져서 들었다.

　난 그때부터 이야기꾼이었고 책을 좋아하는 소년이 되었다. 가난했지만, 마음과 영혼은 풍요로웠다. 그때 형성된 나의 세계가 완고해서 지금도 초긍정투성이 인간이다. 예쁜 세상과 사랑을 가지러 세상을 속속들이 파고 돌아다니는 것일지도 모른다.

학교에서 급식으로 나누어 주던 옥시기 빵도 내겐 많은 환상을 만들어주었다. 맛도 좋았는데 아직도 그때 그 빵 맛을 못 찾았다.

난, 그때 이미 옥시기 빵을 구름처럼 타고 하늘을 나는 상상을 많이 했다. 옥시기 빵과 튀밥이 내게 형성해 준 성곽으로 인해 나는 지금도 성곽 성주가 되어 상상 속을 누빈다.

그래서 내 삶은 방랑처럼 끝없이 세상을 파고든다. 그것이 예정처럼 가야 할 나의 길임을 신앙한다. 그때부터 나는 가슴 뛰는 세상을 살기 시작한 것이다.

난 이래 봐도 어린 왕자랍니다

난, 어린 왕자입니다.

우선 우주에서 긴 여정으로 지구를 방랑하기 위해 날아온 사람입니다. 나중에 꼭 우주로 날아갈 것입니다. 지구별 여행 중에도 수시로 우주와 교신을 합니다.

맑은 날, 밤하늘을 미치도록 좋아하는 이유는 밝은 만큼 별들이 뚜렷한 빛을 내뿜기 때문입니다. 너무나 뚜렷하게 밝아서 빛이 살아 움직이는 착시 현상에 빠질 정도로 아름답습니다.

그 순간 나는 우주 속으로 빠져듭니다. 가슴에 무수히 반짝이는 별들이 축제처럼 쌓이고, 나는 순진무구한 어린 왕자가 됩니다. 의식이 초롱초롱 빛나기 시작합니다.

★ 첫 번째, 별나라 혼자 사는 명령을 내리는 왕도 내 안에 들어있고.
★ 두 번째, 별에 사는 박수와 찬사만 아는 신사도 들어있고.
★ 세 번째, 별의 술고래처럼 부끄럼을 술로 지우는 내가 있고
★ 네 번째, 별의 등불 지기도 들어있고.
★ 다섯 번째, 오직 별만 팔아서 돈을 버는 별 장수도 들어있고.
★ 여섯 번째, 별의 지질학자처럼 세상을 재며 사는, 그러면서 무엇이든 소개를 잘하는 덕에 사람들을 지구별 같은 유토피아로 소개를 잘하는 이상한 사람도 들어있지요.

지구별 비행사와 놀다가, 여우와 놀다가 뱀에 물려서 다시 우주로 돌아가지요. 깊은 여운을 남기고요.

겨울밤, 하늘이 훨씬 더 매혹적으로 제 마음을 앗아가 버립니다. 찬 바람이 기승을 부리는 맑고 늦은 밤, 지방에서 운전하고 올라오다가 불빛이 하나도 없는 고속도로 쉼터를 만나면 차를 세웁니다.

모든 빛의 요소들을 죽인 다음 별들의 군무를 감상하기 시작합니다. 제가 어린 왕자라서 별들이 자기 나라 이야기를 마구 쏟아내어 줍니다.

고픈 마음의 배에 시린 별들의 눈물로 채우다 보면 어느새 우주를 유영하는 별이 되기도 하지요. 은밀하면서 조각미를 보여주는 조각달의 언어를 탐지해 들을 정도이고 끝도 시작도 없이 조용한 내공의 멀리 있는 빛을 토해 놓는 별들의 노래도 알아들으며 따라 흥얼거리는데요. 그때 들려오는 소리는 초가을 밤의 풀벌레 울음소리와 비슷합니다.

제가 알려 드리는데요. 조용한 밤하늘 별에 신경을 초집중하면 맑고 똘똘한 소리가 아련하게 들려오기 시작해서 풀벌레들의 소리로 들려올 것입니다. 나와 별들이 서로 채널링이 시작되는 거지요.

특히 새벽하늘 동편에 샛별로 떴다가 해가 기울면 서산머리에서 '나 여기 있어요.'하고 뽐내듯 뜨는 샛별(금성)의 자태는 매혹에 가깝습니다.

어느 밤인가 조각달과 화성, 금성이 한 줄로 찢어내는 우주쇼는 제게 조용한 감동이었어요. 그것에 빠지다 보면 낮 동안의 피로들이 스르르 풀린답니다.

역시 난, 어린 왕자가 맞는 것 같습니다. 하늘의 미묘한 신비에도 흔들리며 감동하고 울기도 하니까요.

요즘도 하루하루가 정신없네요. 밀려드는 장사도 해야 하고 나와 7년째 지키고 있는 매일 글쓰기, 또 추가한 노래를 불러 유튜브에 올리기, 좋은 사람 만나기 등으로 정신이 없네요.

  남해 나라 고객님들 방문 요청 전화가 쇄도하는데 못 갔어요. 바쁨의 시절이 지금 흐르고 있고 나는 일에 빠진 일벌레가 되어 늪 속에서 간신히 살아 내고 있지요.

  이름하여 아름다운 시절이 지나가고 있는 거지요. 내가 사는 당대는 아름답거든요.

  내일 일요일은 청주에서 머뭅니다. 소박한 멋, 청아한 멋이 흐르는 청주지요. 제가 그려내는 삶의 궤적이 이렇게 분주합니다. 그래도 우주하고 수시로 채널을 열고 산답니다.

  저는 어린 왕자니까요.

파랑새를 쫓던 시절

초등학교 다니던 시절, 5월 중순만 되면 마치 연례행사처럼 산새 둥지를 찾아 산을 헤매고 다녔다.

산이고 들이고 푸르름이 시작되면 나뭇잎을 먹는 벌레들이 지천이다. 벌레로 인해 모든 산새들이 왕성한 번식을 시작한다.

거의 모든 새는 5월 중순에 둥지를 틀고 알을 낳아 부화시키고 새끼들을 길러 내었다. 그때부터 산새의 지저귐이 아주 심하다. 그때는 학교 가서 공부하는 일보다 산과 들을 뛰어다니며 새 둥지를 찾는 것이 더 신나는 일이었다.

새의 새끼를 보면 생명의 경이로움과 귀여움이 있어 새들의 종류를 불문하고 둥지에서 꺼내와 사육을 시도한다. 아주 진중한 사육사처럼 열과 성을 다하여 길러 보지만 대부분 실패한다.

경이롭고 가냘픈 생명의 불꽃을 꺼뜨려 애석한 아픔을 경험하면서도 절대로 중단하지 않았다. 또 다른 둥지를 찾아서 헤매곤 했다. 어쩌다가 성공하여 솜털만 송송 나 있는 새끼 4마리를 둥지에서 꺼내와 지극한 정성으로 사육에 성공할 때면 그 기쁨은 최고였다.

  새끼들이 자라나 날개를 어설프게라도 포로롱거리며 이쪽에서 저쪽으로 날아가는 모습을 보면 정말 신난다. 내 어린 가슴에 밀려드는 경이의 희열감과 알 수 없는 성취감은 그해 가을까지 영향을 미쳤다.

  나무 위에 둥지를 치는 때까지도 사육의 성공확률이 높아서 인기가 있었다. 노랑할미새나 할미새는 개천가 돌 틈에 둥지를 트는데 모습이 아름다워 새끼들을 안고 와서 길러 보지만 성공확률이 희박했다.

  큰 나무에 딱따구리 굴을 빼앗아 새끼를 치는 파랑새도 길러 보고 싶어 했으나 새끼를 꺼내 와 본 적이 없다. 당시 파랑새를 '태극새'라고 불렀다. 날개를 펴고 날 때, 날개 밑에 하얀 태극 문양이 선명하다.

  지금도 파랑새 울음소리만 들려도 발길이 멈춰진다. 집 앞 아름드리 소나무에서 매년 번식했던 새였고 철새였다. 풀숲이나 작은 나무 위에 둥지를 트는 종달새나, 개개비, 굴뚝새, 또는 썩은 나무둥치에 굴을 파고 둥지를 치는 박새들과 곤줄박이도 성공률이 희박했다.

그래도 나는 연구를 해가며 솜털만 송송한 새끼들을 꺼내 와 사육에 몰두했다. 공부하는 일보다 신나고 경이로운 일이었다. 대부분 실패작이었다.

새 둥지를 발견해도 접근을 못 하게 높은 나뭇가지 끝에다가 둥지를 트는 노란색 꾀꼬리는 둥지를 발견해도 새끼들을 꺼내 오기가 어렵다. 어떻게든 새끼를 꺼내 오는 것단 성공하면 새끼를 키워내는 성공확률이 그래도 다른 새 보다 갾았다.

멧비둘기는 대체로 소나무 높은 곳에 마른 나뭇가지로 둥지를 짓는데 꺼내 오기도 수월하고 새끼를 길러 날려 보내는 성공률도 높았다.

먹이도 곡식 종류여서 좋았다. 항상 둥지에 알 2개를 낳아서 부화하는 새였다. 몇 번 길러서 날려 보낸 경험이 있었다.

붉은 배 새매는 높은 소나무에 둥지를 틀고 알을 4개나 낳는데 당시 우리는 '난춘이'라고 불렀다.

난춘이 둥지를 발견하면 신이 나고 좋은 일이지만 친구들에게도 비밀을 지켜야 했다. 잘못하면 친구들이 나보다 먼저 새끼를 꺼내 갈 정도로 인기 있는 둥지였다.

누구든지 실패할 확률이 희박했다. 개구리가 주식이고 며칠 정성을 들이면 스스로 개구리를 발톱으로 움ㅈ쥐고 날카로운 부리로 뜯어 먹기 때문이다. 가장 기르기 손쉬운 새였다.

맹금류여서 나무 밑에서 둥지를 발견하고 아직 알인지, 부화가 되었는지 파악하기 위해 나무를 오르기 시작하면 어미 새 암컷과 수컷이 교대로 위협 비행으로 머리 위를 날카롭게 날아와서 찍고 날아간다.

그럴 때면 나무를 꼭 안아야 안 떨어진다. 그것이 두렵고 무서워서 챙이 넓은 모자를 쓰고 끈을 단단하게 맸다.

만약, 알이 부화하여 솜털 새끼가 되면 쓰고 올라간 모자를 벗어 그 안에 새끼들을 담고 조심스럽게 내려온다. 물론 어미의 날카로운 공격은 더 심해진다.

대체로 4마리를 부화하기 때문에 2마리는 남겨두고 오기도 했다. 그래도 어미는 집까지 따라오며 맹공하는데 머리에 닿지는 않는다. 나는 나무에서 떨어질 뻔한 적도 여러 번 있었다.

무사히 새끼를 데려와 사육을 시작하면 그때부터 친구들이 부러워하는 데 그만큼 실패할 확률이 없는 새가 바로 '난춘이' 였다.

그날부터 막대기를 들고 논두렁을 휘젓고 다녔다. 개구리를 잡고 칼로 짓이겨서 먹이로 주면 아주 덥석덥석 잘 받아먹는다. 20일 정도 진지하게 기르다 보면 솜털이 날개털로 바뀌고 제법 어른 새 모양을 닮는다.

이때부터 개구리를 잡아서 던져주면 발로 받아서 혼자 뜯어먹는다. 그러면 이제 고생은 끝이다. 날기 시작하면 더 재미있다. 지붕 위에 날아올라 갈 때 기분은 정말 좋다.

학교에서 돌아올 때 손에 개구리를 잡아 들고 오면 놈이 지붕 끝에서 기다리다가 날아와 손에 든 개구리를 잡아채 간다. 다른 사람 손에 든 개구리는 거들떠보지도 않는다. 먹이를 주는 주인을 알아보는 것이다. 친구들이 부러워하면 어깨에 힘이 들어갔다.

새끼가 조금씩 날기 시작하면 노란색 리본을 팔목에 매어둔다. 집 주변 밤나무 가지에서 날아다니며 개구리를 받아먹다가 저 혼자 사냥이 가능하면 집을 떠나 버리는데 나도 그때는 더운 여름이 되어 물놀이에 빠져 그다지 서운함이 생기지 않았다.

집 지붕 꼭대기에 살아주기를 희망하지만 난춘이는 여름 철새라서 멀리 날아가 버린다. 이듬해 봄만 되면 팔목에 노란 끈을 단 난춘이가 지붕 위를 날아오기도 하는데 곧 산으로 날아가 버린다. 그때 내 가슴에 안도의 희열은 형언할 수 없을 정도였다.

사육에 성공하기까지 여러 시행착오를 하게 된다. 물론 동네 형들에게 전수된 기술도 있었지만 스스로 체득하는 것도 많았다.

난생처음 친구들 몰래 난춘이 둥지를 발견했을 때 얼마나 좋던지 콜럼버스의 신대륙 발견보다 나의 난춘이 둥지가 더 위대한 세계였다.

부화 중인 알이 4개였다. 처음 혼자 발견했을 때 기대와 조급함과 어미들의 위협 비행이 두려웠다. 그래서 나는 알 4개가 빨리 부화하라고 살짝 깨트려놓고 나무를 내려왔었다.

빨리 새끼를 꺼내어 기르고 싶은 동심에서 조급하게 알을 살짝 깨 놓고 온 것이다. 경험이 없어 기다리기 싫었다.

이틀 동안 아무것도 하지 못했다. 내가 어미보다 일찍 깨 놓아서 3일 정도 지나면 솜털이 뽀송뽀송하게 부화하여 있을 것으로 생각하고 기다렸다.

아주 지루한 사흘을 보내고 설레는 마음으로 둥지를 찾아간 나는 나무를 올라가는데 어미 새들의 위협 비행이 없어 이상하기도 했지만, 안도하고 둥지로 올라갔다.

아뿔싸! 깨진 알 속에 작은 개미들이 까맣게 우글거리고 있었다. 망연자실한 나는 아무것도 하지 못했다. 인위적으로 깨진 알을 버리고 어미들도 떠났다.

개미들의 성찬만 만들어준 꼴이었다. 그날 뒤로는 절대로 내가 먼저 알을 깨는 일을 하지 않았다.

그 일을 초등학교 저학년 시절에 경험하고 나서 다시 그런 실수를 하지 않고 난춘이 둥지를 발견하면 부화하기를 끈기 있게 기다렸다. 그때부터 희망스러운 일에 기다리는 것도 중요한, 기다림의 미학을 배웠는지도 모른다.

  부화가 되고 나서 새끼들을 집으로 데려와 더러는 실패하고 더러는 성공하면서 산새들의 번식에 관해 육감적으로 제대로 알게 되었다.

  그저 봄철만 되면 연례행사가 되었지만, 학교를 졸업하고 사회인이 되면서 자연스럽게 새들의 번식에 관심을 두지 않았다. 자연과 생명에 대한 남다른 호감이 많았던 시절이었다.

  그 시절이 정확하게 40년 전 일인데 그때를 생각하면 산새들에게 미안해서 지금도 등에 식은땀이 흐른다. 새들에게 미안한 생각이 들어 마음과 손이 오글거릴 정도로 부끄럽다. 얼마나 못된 시절이었는지.

  이제 성인이 되고 나이가 드니 생명은 작든 크든 미물이든 경이 그 자체로 존귀할 따름이다. 위안이라면, 알폰소 도테의 마지막 수업에서 새 둥지를 찾아다닌 이야기가 있고 미국 소설 『내 영혼이 따듯했던 날들』내용에도 새 이야기가 나온다.

  사실 가난한 시절이었지만 내 영혼이 따듯하던 시절이다.

  오늘은 서울에서 보냈답니다. 청주에서 저녁에 술을 사주신다는 분이 계셨는데 서울이어서 놓쳤답니다. 그 덕분에 일은 많이 했습니다.

  내일도 다시 서울에 옛날 고객님들을 만나러 갑니다.

정선시장 배추전의 깊은 맛

어제는 정선의 인연을 이야기했더니 정선 배추전을 따로 쓰고 싶어 정리해 봅니다. 각종 비즈니스로 강릉이나 울진, 속초 등등 자주 갑니다. 그러다 돌아올 때는 정선을 꼭 들렀다 옵니다.

작년, 강릉을 갈 때는 비즈니스이고 약속이 중요해서 고속도로를 달리지만 일을 마치고 돌아올 때는 여러 갈래의 국도를 이용한다.

첫 번째 코스는 강릉 임계 읍, 아우라지와 정선시장, 영월 제천이고 두 번째 코스는 강릉, 동해, 임계도 좋아하고, 세 번째 동해, 태백, 사북, 정선 코스도 좋아한다.

어느 코스든지 대부분 정선시장을 거친다. 올 3월에도 지인들과 정선시장에 올챙이묵과 배추 전을 먹으러 갔었고 어제도 정선시장에 들러 배추전과 올챙이묵을 먹으러 들렀다.

돌아올 때는 배추전을 몇 봉지 산다. 집 식구들도 정선 배추전을 좋아하고 자주 만나는 지인 중에도 배추전을 좋아하는 분이 있어 사다 드린다. 막걸리와 먹으면 맛이 있다.

내겐 어머니와 추억의 맛이다. 특히 배추전. 배가 고프던 어린 시절 어머니는 절인 배추로 전을 자주 부쳐주셨다. 솥뚜껑을 뒤집으면 훌륭한 프라이팬이 된다.
들기름을 골고루 바르고 배추를 찢어 세 가닥 정도 놓으시고 묽은 밀가루 반죽을 붓고 골고루 펴서 굽는다.
배고픈 우리 3남매는 둘러앉아 한 소당 구워지면 게 눈 감추듯 순식간에 종적이 없어지고 어머니께선 맛도 못 보신째 부치시느라 정신이 없었다. 왜 그렇게 더디게 익는지….
한 소당 부치는 간격이 매우 길던 시간이다. 들기름 냄새가 진동하는 배추전을 그렇게 화덕에 둘러앉아 부치는 대로 먹다 보면 어느새 배가 부르고…. 우리가 먹고 나서야 어머니는 드시곤 했다.
밀가루 배추전은 어머니께서 자주 해 주셨다. 약간 별식의 느낌도 있는데 재료가 많이 들지 않았고 우리 3남매는 식성이 좋아서 한 끼로 잘 먹었다.

옹기종기 모여 앉아서 한 소당 부치면 족족, 뚝딱뚝딱 먹어

치우는데 기다리는 시간이 매우 길기만 했다. 부치는 속도보다 게 눈 감추듯 먹는 속도가 훨씬 빨랐다. 그렇지만 기다리는 순간은 눈앞에서 먹거리가 만들어지고 있어 행복한 시간이었다.

한 달에 세끼 정도 해 먹었던 배추전 식사였다. 배고프고, 가난했던 어려운 시절 우리들의 배를 소량의 밀가루로 채우기 위한 어머니의 고육지책이었다.

내가 커서 아비 되고 보니 그때 어머니 심정이 읽히는 것이다. 몇 소당 부치고 우리들의 배가 어느 정도 차고 나서야 드시던 어머니의 모습은 지금 생각하면 괜히 울컥 눈물이 난다.

나는 지금도 배추전이 맛있다. 집에 도착해서 한 봉지 사 온 배추전으로 아내와 막걸리 한잔하는 데 꿀맛이었다. 곧 어머니 기일이 다가온다.

정선의 인정을 던져준 두 남매

강원도 정선 하면 빠르게 먼저 떠 오르는 것은 기묘한 산의 굴곡과 계곡을 굽이굽이 흐르는 동강의 절경도 뛰어나지만 절대로, 절대로 아니다.

내게 먼저 떠 오르는 이미지는 그런 정경이 아닌 청주에 살기 시작하면서 만난 정선사람들이다.

자신들도 넉넉하거나 풍요롭지 않으면서 따뜻한 인정을 내가 청주에 적응하던 시절에 베풀어 주었다. 눈물겹도록 고맙고 따듯한 이야기다.

청주 이야기, 무심천 이야기, 글 쓰면서 꼭 언급하고 싶었다. 마침 오늘이 그날인가 보다.

두 남매는 고향이 정선이었다. 정선하면 먼저 두 남매가 떠 오른다. 내가 48년 전 연고도 인척 관계도 없는 청주에 불쑥 발을 들여놓으면서 우리 인연은 시작되었다.

  이야기하고 싶은 것은 두 분의 은혜가 50년이 흐른 지금도 잊히지 않고 현재까지 가슴에 남아 있다. 그분들은 남매였고 나는 혼자였기에 몇 년까지 고마움을 갚다가 이제 삶의 파도 같은 여울에 밀려 자주 만나지 못하고 있다. 그래도 마음가짐으로 감사한 생각을 버린 적이 없다.

  청소년 시절, 청주에 처음 진출하고 살림살이의 구색도 갖추지 못한 채 혼자 자취생활을 시작했었다. 낮엔 건축일을 하고 밤에는 검정고시를 보기 위해 야학을 다닐 때부터 우리들의 깊은 인연은 시작되었다.

  상당히 늦게 시작한 공부였다. 27살 내가 중학교 검정고시에 합격하고 고등부 과정을 공부할 때 그는(남매 중 남동생) 야학의 국어 선생으로 나타났다.

  그는 키도 컸고 성격도 시골스럽게 시원해서 좋았다. 충북대 중 문어과 학생이었다. 고향이 강원도 정선이었고, 정선 출신답게 투박한 인정이 많았다. 나보다 나이가 6살 정도 어렸지만, 시골 특유의 속성 때문에 눈빛으로 통하는 것도 많았다.

  가난한 처지의 상황을 서로 잘 알아서 빨리 친해졌다. 검정고

시가 멀리 남았을 때는 수업을 마치고 곧잘 외상 단골 술집을 만들어 놓고 마실 정도가 되었다.

무엇 보다 솔선수범하고 결코 위선적이지 않았으며 가난한 나 같은 나이 많은 학생들을 진심으로 존중해 주어서 나도 빠르게 감화되어갔다.

학생과 선생님이었지만 수업이 끝나면 형과 동생이 되었다. 그에게 수학 풀이가 있었다면 내게는 눈물로 살아온 세상에 대한 경험이 있었기에 은근히 보완 관계가 되었다.

그는 정선에서 청주로 시집온 친누나네 집 옆방에 세를 얻어 놓고 누나에게 빨래와 식사를 위탁하고 있었다. 당시 누나도 단칸 셋방에서 어린 자녀 둘을 키우며 월세를 사는 처지였.

가끔 나도 식객으로 누나의 밥상을 축내기도 했는데 한 번도 눈치를 주는 법이 없었다. 늘 따뜻했다. 어릴 때부터 눈칫밥으로 세상을 살아온 나였기에 나는 한 번에 알 수 있는 노릇이었다.

겨울이 끝나가는 어느 봄날이었다. 뜻하지 않은 일로 급하게 돈이 필요한 일이 발생했다. 난 그때 청주에서 도움받을 만한 사람이 한 명도 없었다. 내 본생에는 학연, 지연, 혈연이 없는 단신의 외톨박이였다.

도저히 구할 곳이 없어 그저 포기를 하고 말았다. 기댈 곳이 없는 처지가 너무 아팠다. 속이 무너져서 선생님과 술을 마시면서 마음이나 풀기 위해 선생님 댁을 늦은 밤에 찾아갔다.

그날은 수업이 없어서 야학에도 안 나왔다. 막걸리 서너 병을 사든 채, 지금 생각하면 참 못된 학생이었다.

술을 본 선생님은 무척 좋아했다. 누나를 불러서 같이 마셨는데 나의 안색이 안 좋으니 선생님이 연유를 물었다. 나는 며칠 돈 때문에 곤란했던 이야기를 툭 터놓았다. 듣고 난 누나는 활짝 웃으며 말했다.

"뭐, 젊은 사람이 그런 일 가지고 고민을 하나. 진작에 나한테 오지 그랬어."

그러더니 밖으로 나갔다. 한 참 만에 들어온 누나는 통장으로 보이는 것과 도장까지 툭 던져주었다.

"우리 주택청약 통장이거든. 필요한 만큼 찾아 쓰고 5월에 청약이 있으니까 그때 줘, 비밀번호도 적어놨어."

자기 집 전 재산이라는 거였다. 내가 필요한 돈의 세 배가 넘게 들어있는 통장이었다. 나는 누나의 피를 수혈받는 심정이었다. 누나는 나에게 수혈해 주는 것 이상이었다.

누나의 빠듯한 살림을 잘 알고 있었다. 내게는 아픈 인정이었다. 그 뒤로 누나와의 약속을 정확하게 지켰다. 낯선 청주에서 냉정함에 얼어가던 내 가슴에 훈훈한 인정이 도래하기 시작했다. 그때 그렇게 난감했던 어려움을 해결하면서 청주에 정을 붙이기 시작했다.

사실, 국어 선생님은 내가 고등학교 과정을 마칠 때까지 많은 수고를 했다. 고시 한 달 남았을 때 새벽까지 선생님은 싫은 기색 하나 없이 내가 막히는 문제를 풀어 주어서 쉽게 마칠 수가 있었다.

나는 지금도 선생님을 존경하고 사랑한다. 이제는 확실하게 형과 동생으로 되어있지만 언제나 선생님과의 인연을 소중하게 생각하고 있고 함부로 대해 본 적이 없다. 자즈는 못 만나지만 내게는 영원한 은사이고 동생이다.

그들 남매도 정선의 아름다운 절경처럼 아름다운 인성이 변하지 않아서 좋았다. 나도 천등산 정서를 지니고 있어 변하지 않게 살지만, 삶이 사람들의 관계를 흔든다. 늘 내가 많은 빚을 지며 살고 있다. 그만큼 무엇인가 넉넉하게 받고 있다는 증거이다.

그분들의 고향, 정선을 1년에 2, 3번 정도는 가게 되었다. 그렇게 가다가 정선시장에 정이 듬뿍 들었고 정선시장의 배추전은 이유를 불문하고 좋아하게 되었다.

  일단 배추전, 메밀전병은 집에 올 때 사서 올 정도로 푹 빠져버렸다. 우리 식구들도 정선 배추전과 부꾸미, 올챙이국수를 잘 먹는다.

  집은 정선 읍내였고 대문 밖에 나가도 주변 경치가 경이로웠다. 두 남매를 알고부터 강원도는 내 고향처럼 느껴진다. 그래서 정선이나 강원도 사람이라면 모든 것을 믿고 내 쓸개까지 맡기는 편이다. 두 남매 덕분에 청주에서 생각보다 빨리 정을 붙이고 살게 되었다.

  지난번 『청주에서 살아남기』를 쓰는데 두 남매 이야기도 하고 싶었다. 청주에 처음 와서 뻘쭘한 상태였을 때 그분들 아니었으면 충주나 포항으로 다시 갔을지 모른다. 청주에는 따뜻한 사람들 때문에 흥미를 잃지 않고 살아남았다.

  그렇게 해서 청주에 마음을 붙였고 결혼하고 자녀들을 키우고 이제는 청주 마니아가 되어있다.

  무심천, 미호천, 우암산, 그리고 청주 사람들…. 두 남매는 나를 그렇게 만든 사람들이다.

  앞으로도 청주, 천등산 석천리, 그리고 강원도 정선이 고향이려니 하고 죽는 날까지 사랑할 것이다

라면이 내게 사랑받는 이유, 어머니

　천등산 석천리, 초등학교 저학년 시절 나는 집에서도 밖에서도, 학교에서도 별로 눈에 띄는 구석이 없는 외톨박이 소년이었다.
　가족의 생계를 꾸려가는 홀로되신 엄마는 잔잔한 손길로 나와 동생을 돌볼 처지가 아니었을 정도로 가난했기에 연명에 몸부림을 쳤다.

　아버지의 부재와 가난 때문에 형편대로 건성건성 성장하던 시절이었다. 나는 늘 의식 속에 미움을 받는 아이로 소외되어 있었다.
　엄마가 밭일을 나가시고 늦게 들어온 날에는 집안이 엉망으로 지저분했고 그럴 때마다 엄마는 나를 혼내곤 했다.

또 학교에서도 결손 가정 아이여서 친구들에게 곧잘 놀림을 받았다. 내 마음속에 나는 미움 덩어리 아이로 인식되어 있었다.

 성장하면서 세뱃돈을 받아본 적이 전혀 없고 누군가에게 귀하다는 느낌의 눈길도 받아 본 것이 별로 없었다.

 엄마에게 가장 귀한 대접을 받아야 했으나 엄마는 내가 초등학교 다닐 때 자살을 3번이나 시도하실 정도로 절망적 힘든 삶이셨으니 3남매를 귀하게 여길 겨를이 없었다.

 어느 날 엄마에게 심한 꾸지람을 듣고 갈 데 없는 나는 앞동산에 올라갔다. 텅만골에 대고 외쳤다.
 "미워, 미워!"
 크게 소리를 지르니 텅만골도 내게 대답했다.
 "미워, 미워."
 산마저 나를 미워하는 것에 놀랐다. 충격을 받고 그 길로 집에 들어와 방구석에서 저녁도 먹지 않고 잠들어 버렸다.

 학교 친구들이 미워하는 것도 알고 있었고 엄마가 날 미워하는 것도 알고 있었지만 내가 좋아하는 텅만골 조차 나를 미워하는 사실은 커다란 충격이었다.

그 충격으로 나는 다음날도 풀이 죽어 있었다. 그러다가 엄마가 왜 그러느냐고 물으셨다.

"엄마도 나를 미워하고 친구들도 나를 미워하는 것을 알겠는데 텅만골 산도 나를 미워해."

엄마에게 내가 대답했다. 가만히 보니까 나를 좋아하는 사람이나 사물은 정말 없었다. 7살 여동생과 5살 남동생만 아무것도 모르고 나와 놀 뿐이었다.

내가 심심하면 올라가서 혼자 노는 산조차 나를 미워하는 것이 정말 싫었다. 이 세상에 혼자 동떨어진 적막감 같은 외로움이 어린 가슴에 밀려왔다. 엄마의 매질에도 늘 꼬리치던 충견 같았던 체념적 긍정은 온데간데없고 시종일관 시무룩해 있었다.

내 이야기를 들은 엄마는 갑자기 나를 숨도 못 쉴 정도로 꼭 껴안으셨다. 엄마는 이제야 나의 심각한 절연감의 실체를 파악하신 모양이셨다.

"네가 얼마나 귀여운 내 자식인데…."

엄마의 눈에 이슬 같은 물기가 번졌다.

눈물을 찍으시던 엄마는 곧바로 내 손을 잡고 앞동산에 오르셨다. 그리고 텅만골을 향해 크게 외쳤다.

"좋아. 좋아!"
엄마가 시키는 대로 나도 텅만골에 대고 외쳤다.
"좋아, 좋아, 좋아!"
텅만골도 나에게 메아리가 되어 꼬리가 길게 외쳐주었다.
"좋아, 좋아, 좋아."
그 메아리는 산골 속으로 작아지면서 사라져 갔다.
"봐라, 산도 너를 좋아하지?"

그날부터 엄마도 나를 존귀한 하나의 인격체로 대해주기 시작했다. 우리 집 주변을 둘러싼 천등산 행병골, 작은 도독골, 큰 도독골, 검은 동굴, 재피골, 텅만골, 사실골 등이 나를 좋아한다고 믿게 되었다. 그 산골에 대고 청아하고 큰 목소리로 외쳤다.
"좋아, 좋아!"
골짜기도 나를 향해 외쳤다.
"좋아, 좋아."
나는 골짜기들과 아주 친한 친구가 되었다.

학교에서 친구들이 놀려도 외롭지 않았다. 산골짜기들이 모두 나를 좋아하고 있었고 일에 지친 엄마도 나를 귀하게 대해주는 날이 많았다.

며칠 뒤 엄마는 두 동생을 몰래 떼어놓고 나를 동네 구판장에 데리고 갔다. 라면 한 봉지를 구판장에서 끓여 주셨는데 꼬들꼬들한 라면이 입에서 살살 녹는 맛이었다.

국물도 생경하고도 맛깔스러운 맛이었다. 비로소 엄마의 깊은 사랑을 절절하게 확인한 것이다. 구판장 아주머니가 라면 먹는 내 모습을 보면서 한마디 하셨다.

"얼른 먹고 커서 고생하는 엄마를 도와드려라. 쯧쯧."

나는 동생들과 함께 먹지 못하는 죄스러움을 어렴풋이 느끼며 먹은 라면이 지금도 기억이 난다. 집에 가서 라면 맛을 절대로 이야기할 수가 없었다. 엄마와 나만 간직한 비밀이었다. 지금도 동생들은 그 사실을 모른다.

메아리 사건으로 나는 어머니의 지대한 장남의 사랑을 확인하게 되었고 그때 먹은 라면 맛은 내게 각인되어 지금도 밤참으로 또는 술안주로 내게 사랑받고 있다.

지금도 시골 동네에는 내 어릴 적과 똑같은 메아리가 있어 내가 가면 반겨줄 것이다.

"좋아, 좋아."

문예춘추에 실렸던 어린 시절의 석천리에서 추억 수필이랍니다. 아픈 유년이지만 아프지 않게 컸던 시절이지요. 그때 무한긍정의 씨앗이 제 어린 가슴에 깊이 박혔던 것입니다.
 어머니 기일이 담긴 달이라 몇 편의 이야기가 생각나 써봅니다. 지금 세상을 살면서 무한긍정, 세상을 즐겁게 살아가는, 사랑을 찾아가는 이유는 이러한 어머니의 사랑을 기본으로 참 부지런히 살았던 이유랍니다.

 며칠 전 영양 반딧불이 여행을 다녀오며 멋진 형님과 나눈 고향 이야기 속에 한 소절이라 간직합니다.

소년에게 해변의 여인을 가져다 준 형님

천등산 석천리 마을 초등학교 고학년 시절 이야기이다.

화전마을 우리 집과 마을 중심에 있던 외갓집이 오밀조밀 한 길을 따라 2킬로 거리를 두고 있었다. 그때 외갓집 주요 농사는 담배 농사를 지었고 외갓집과 우리 집 사이 중간에 담배밭이 있었다.

나보다 나이가 4살 많은 중학교 2학년이었던 외사촌 형이 있었다. 빡빡머리에 약간 큰 밀짚모자로 뜨거운 햇빛을 가리고 형보다 키가 큰 담배밭에서 담배 겹 순을 따며 해변의 여인을 부르는 모습이 너무나 보기 좋았다.

나도 모르게 형을 따라 담배 겹 순을 따며 해변의 여인이라는 노래에 푹 빠졌다.

목소리를 제법 구성지게 뽐으며 부르는 그 광경이 좋아서 뜨거운 것도 모른 채 담배 겹 순을 따라서 땄던 일이 지금도 생생하다.

나는 아버지가 일찍 돌아가신 소년가장이었고 외사촌 형은 막연히 든든한 유일한 일가였다. 자연스럽게 내게 자랑이었던 형님이었다.

나의 본 친척은 아버지가 이북 사람이라 한 분도 없었고 오직 외가의 외삼촌 댁과 외가 친척들만 있었다. 따라서 외사촌 형은 내게 절대적이고 남에게 자랑하고 싶은 그런 형이었다.

외사촌 형이 일요일 쉬지 않고 동생들과 담배 일손을 도우며 부르는 해변의 여인은 나를 해변에서 놀고 있는 착각을 하게 해 주었고 가락과 노랫말이 뼛속을 파고드는 느낌이었다. 그 광경이 좋아서 열기로 가득한 담배 고랑에 들어가 형님을 따라 담배 겹 순을 땄다.

멋있는 형님이 일속에 빠져 부르는 해변의 여인은 나를 끝 모르게 깊이 빠져들게 했고 그날 이후 며칠 지나서 노랫말과 리듬을 모두 외워 버렸다. 노래를 듣다 보면 내가 해변의 여인이 되어 버리곤 했다.

초등학교 고학년 시절 담배 겹 순을 따며 외사촌 형에게 배운 해변의 여인은, 14살에 담배 농사를 시작해 24살이 되어 도시로 나올 때까지 절었던 담배밭에서 담배 겹 순 따기, 그리고 담뱃잎을 따던 날에 언제나 불렀다.

  목청을 가다듬고 구성지게 부르면서 담배 일하면 더위도 덜했고 무엇보다 독한 담배 냄새가 덜 맡아졌다. 그리고 힘들고 지겨운 고통을 해변의 여인으로 토해내곤 했다. 담배밭과 해변의 여인을 떼려야 뗄 수가 없었다.

  성장의 찌든 시절을 고스란히 녹아내던 해변의 여인과 아무 말 없이 풍부하게 희망을 주고 내게 우상 같았던 반듯한 모범생 외사촌 형님은 구질구질하고 힘들었던 내 삶 앞에 구세주 같은 표상이었고 삐콤 같은 비타민이었다.

  적어도 한해 여름날 담배밭 농사일에 빠져들 적에 반드시 오아시스 같은 해변의 여인을 수백 번 부르면 여름과 담배 일이 끝나 있곤 했다.

  덕분에 17살 추석날 면 단위 4-H 콩쿠르대회에서 해변의 여인을 불러 장려 상품으로 손목시계를 받았다. 해변의 여인은 그렇게 덥고 힘들고 벅차고 고독했던 담배밭 시절을 오아시스로 만들어주었다.

  고달픈 삶도 24살에 도시로 진출하면서 담배 밭일도 종식했고 14살에 배웠던 담배도 끊었고 도시적 삶에 끼워 살다 보니

목놓고 노래 부를 장소도, 겨를도 생기지 않았다.

생존의 치열한 경쟁이 사방에서 나를 갉아먹었다. 해변의 여인은 내게 멀어져 간 사치품에 불과했다. 다만, 외사촌 형과 형제들은 유일한 혈족이라 정서적, 혈연적 유대로 내 삶에 가장 큰 우군으로 힘이 되어 주었다.

형도 어느새 가장이 되어 직장 생활하며 야간 대학을 다녔고 나는 돈을 벌면서 중고등 검정고시를 준비하느라 취미를 즐길 겨를이 없었다.

치열하게 살다가 중년을 넘기고 나니 다시 노래가 그리워지기 시작했다. 남성합창단, 교회성가대, 그리고 막연하게 동경했던 친구들의 교과서 노래(가곡)들을 다시 불러보기 시작했다.

이제는 조금 생긴 여유 속에 노래를 흥얼거리다 보면 담배 농사 시절이 올라오고 해변의 여인과 함께 외사촌 형이 자주 생각난다. 그래서 가끔 전화를 드린다. 마르고 빈곤해 가던 내 영혼을 그윽하게 만들어 준 노래와 형이다.

2023년 3월, 두바이 수중에 떠 있는 고급호텔 아틀란티스 파티, 200명 앞에서 마이크 잡고 부른 노래가 해변의 여인이다. 호텔이 페르시아만 해수 위에 떠 있는 고급호텔에서 꼭 해변의 여인을 부르고 싶었다.

해변이었고 나의 아름다운 여인, 아내가 있었다. 관객들보다 동행해 준 아내가 칭찬해주는 것이 아닌가? 정말 잘 어울리고, 잘 부르는 노래였다고.

구수한 애환이 묻어났단다. 인생의 쓰디쓴 입문을 버티게 해주고 역경을 이기게 해 준 노래이니까 절절한 애환이 묻어나는 것이다.

이제 외사촌 형과 고상한 자리가 마련되면 따듯한 선물 한 아름과 막걸리 한잔, 그리고 형님에게서 은근슬쩍 배운 해변의 여인을 구성지게 불러드릴 생각이다.

난 언제나 분위기가 있는 노래꾼이 맞다. 잘하는 것보다 영혼을 쏟으며 부르는 것이다.

외사촌 형은 부평에서 일하며 노후를 보내고 있다. 나는 청주에 있어도 통화는 자주 한다. 내게 삶의 언덕이신 분이기 때문이다.

네 식구가 벌이는 우리 집 추억의 복불복

유난히 춥고 긴 겨울밤이 되니 우리 집은 자연스럽게 장기와 바둑을 둡니다. 저녁을 먹고 나면 혼자 떠드는 TV를 마주하고 온 가족들이 모여 앉습니다.

어머니의 깊은 병을 수발하는 아내도 잠시 쉬는 시간이고 공부와 독서를 하며 겨울방학을 보내는 두 딸도 편안하게 시간을 만드는 시간이고 나도 하루의 피로를 가족들과 풀어내는 시간입니다.

TV는 재미있는 프로를 찾아서 틀어 놓고 장기를 두기 시작합니다. 작년 겨울에 아내와 딸들에게 장기 두는 법을 알려 주는 수준이었는데 올겨울은 실력이 거의 향상되어서 이제는 차나 포주 하나만 떼고 나서 두어도 내가 질 정도입니다.

네 식구가 개인 리그전을 펼쳐서 순위와 챔피언을 뽑고 수시로 도전을 펼치기도 합니다. 또 네 식구가 편을 갈라서 두며 밤참 내기도 하고 우리 부부가 편이 되어 딸들과 편을 갈라서 두기도 합니다.

다음 날 딸들이 낮에 공부하는 시간을 늘리는 것으로 우리 부부는 걸고 딸들은 토요일 영화관 표를 걸고 두기도 합니다. 대부분 항상 무엇인가 걸어 놓고 두니까 겨울밤 시간 가는 줄 모르는 편이지요.

아내는 나와 둘 때나 딸들하고 둘 때나 실수를 많이 합니다. 가끔은 자기 것을 먹기 위해 작전을 펼치기도 하는데, 아마도 요즈음 어머니 수발과 뇌경색으로 쓰러지신 장모님 걱정하느라 정신이 하나도 없어서 생겨난 증상이 아닌가 하여 마음이 아픕니다.

아내에게 슬쩍 져주기도 합니다. 현재는 가장 고생이 많으니까요. 토요일과 일요일은 제가 식사를 책임져 줍니다. 아내가 너무 고생하고 있어서요.

큰딸 시안은 언제나 공격적입니다. 나를 초토화하기 위해서 무지막지한 희생을 감수하고 공격해 들어와서 나를 곤란한 외통으로 몰기도 합니다.

가장 창의적인 공격을 구사하는 바람에 지는 나도 기분이 좋을 때가 있습니다. 그러나 고등학생이라서 장기판에서 먼저 일어납니다. 게임 매너가 가장 시원하고 좋은 녀석이지요.

문제는 작은딸 실력이 거의 제 실력에 근접해 있습니다. 워낙에 승리욕이 강해서 지는 것은 절대로 인정을 안 하고 자기 차가 일찍 죽으면 경기를 뒤엎더라도 졌다는 사실을 싫어합니다. 그리고 절대로 물려주는 법이 없지요.
1박 2일에서의 강호동보다도 더한 승리욕을 보이는 편입니다. 무슨 억지를 동원해서라도 이겨야 하니까요. 그리고 어쩌다 아빠를 이기고 나면 한동안 저와 하지 않습니다. 승리의 기쁨을 오래 간직해야 한다는 것이지요. 그리고 나를 이기기 위해 연구도 많이 합니다. 내년 겨울에는 맞두어야 할 정도로 실력이 좋아진 녀석이지요.
우리 집 우기는 챔피언이기도 하지요.

유난히 춥고 눈도 많이 내리는 겨울, 이제는 다시 회복하기 어려운 환자가 되셔서 삶을 잃어 가시는 어머님과 장모님 때문에 집안에 무거움이 내리누르긴 하지만 밤에만큼은 행복한 시간이 됩니다.
낮에는 각자의 자리에서 최선을 다하고 난 가족들이 모여서 무엇과도 바꿀 수 없는 행복을 만드는 시간입니다. 그러다 보니 추운 겨울도 어느새 반이나 건넜고 2010년도를 가뿐하게 맞이했습니다.

어머니가 돌아가시기 한해 전, 우리 집의 겨울은 나영석 방송의 1박 2일 프로그램 복불복처럼 아웅다웅 살던 시절의 이야기입니다.
우리 식구들은 바둑과 오목, 그리고 장기를 적당히 잘 둔답니다. 제가 공부에 빠진 딸들하고 독서도 같이 나누고 또 이렇게 장기, 바둑, 오목을 같이 두곤 했지요. 하긴 저는 두 딸을 만화방에도 자주 데리고 다녔었지요.
남들은 이해 못 하지만, 딸들은 우리 부부를 존경한다고 지금도 자주 표현합니다. 그때는 제법 토너먼트 게임을 치르고 순수하고 재미있는 벌칙도 엄하게 적용했었지요.

그렇게 같이 보내던 딸들이 다 커서 큰딸은 아프리카 선교를 준비하며 같이할 짝꿍을 찾고 있고요. 작은딸은 짝꿍을 찾은 것 같고 내년에 결혼할 생각인 것 같습니다.
아내와 나는 모두 환갑을 넘겼고 딸들 뒷바라지에 최선을 다하며 달콩알콩 살고 있답니다

5부

빡빡머리의 슬픈 고집

농활農活 누나를 사랑한 천등산 산골 소년

열일곱 살의 여름으로 돌아갑니다. 저의 사춘기를 짝사랑으로 살찌 워 주신 아름답던 한 사람의 이야기를 떠올려 봅니다. 너무 긴 글이 니 시간 있으신 분만 읽으시기를요.

내가 무척 존경했던 형님과 함께 담뱃잎을 따서 말리고, 소 풀을 베며 무덥게 나던 여름날에 시리고 아프고 아름다웠던 짝사랑을 배 웠답니다.

내가 살던 고향은 천등산 동쪽 기슭으로 해발 500미터 되는 벽지 산골 마을이다. 어느 해 여름 세종대학교 합창반 모임에 서 농촌활동을 왔었다. 자고 나도 별일이 생기지 않는 마을에 대학생들이 남녀 같은 비율로 40여 명이 왔으니 동네에서는 대단한 사건이고 별 볼일 넘치는 일이었다.

열흘 동안 마을 곳곳마다 초여름 녹음처럼 생기가 돌았다. 마 을 청년들은 지성적이고 하얀 피부의 여학생들 때문에 열흘 동안 몹시 설레는 모습이었다.

 길을 가다가 여학생들이 '안녕하세요' 하고 깜찍한 인사를 하면 얼굴을 붉히며 말을 잃고 허둥거리며 도망치듯 피해 갔다.

 대학생들은 낮에는 노력 봉사로 마을의 도로나 회관 등을 고치고 밤에는 학생반, 청년반, 부녀회, 장년반 등으로 나누어 교육활동을 했다.
 우리 청년반에 배정된 2명의 남학생과 3명의 여학생이 있었는데 3명 중 한 여학생이 내 마음을 송두리째 채 빼앗아 버렸다.
 약간 작은 키에 통통한 이미지였다. 도시적이면서 일 바지를 입으면 시골스러움을 풍기는 모습이었다. 붙임성 있는 성격으로 격의 없는 인간성에 매료되어 첫날, 첫 대면 통성명하는 시간에 관심을 가지게 되었다.

 더벅머리 시골 총각이었던 내게 특별히 관심을 주고 나의 첫 이미지가 옛날이야기에 나오는 주인공 소년 같다고 말해 주어서 까닭 모를 설렘이 가슴을 헤집고 들어와 버렸다.
 밤마다 만나서 나누는 주제는 농촌의 미래와 전망이었다. 그들은 진정으로 농촌 현실을 아파하고 국가의 미래를 끄집어내며 의식화(?) 교육을 병행해 나갔다.

나는 이미 세종대 역사학과 2학년 누나에게 깊이 빠져서 적극적으로 나의 미약한 국가관과 사회관을 개진했다. 뽀얗고 신선한 이미지에서 쏟아지는 언어를 배우는 것이 많았다. 대학생이 주는 신선함과 경이로운 하얀 지식이 내게는 **황홀경이었다**.
(그래서 나중에 스물여섯에서야 공부를 시작했고 2년 정도 중등 과정과 고등과정을 모두 마치고 선망하던 대학 시험을 치름)

넓은 사회를 배우고 겪어본 일이 없던 나는 세상 밖 일을 제대로 공부하게 될 기회였다. 대학생 형들과 누나들이 토해 놓는 바깥세상 이야기를 빼놓지 않고 습득해 두었다.
짝사랑 누나는 농촌의 일상에 남다른 애정을 보여주었다. 조금 시간이 나면 나의 누추한 집에 와서 나를 동생으로 인정해 줄 때 묘한 흥분의 비행기를 탔다. 그렇지만 가난한 만큼 부끄러웠다. 누나가 처음 우리 집을 찾아왔을 때 쥐구멍에 들어가고픈 심정이었다.

열흘이 지나고 마지막 날 밤, 농민 위안 잔치를 축제처럼 마치던 날 모두 술에 취하고 작별과 이별가를 불렀다. 그들은 잔치 뒤 허무를 남기고 서울로 돌아갔다.
내게 남은 허망함은 쓸쓸하기 그지없었다. 그들이 떠나던 그날, 짝사랑 누나에게 사춘기 냄새 가득한 편지를 썼다.

동네 청년들도 각자 뜻이 맞았던 학생들에게 편지를 쓰기로 했고 누가 답장을 가장 먼저 받느냐는 내기를 걸었다. 답장이 늦게 오는 사람이나 못 받는 사람이 막걸리를 통으로 사는 내기였다.

제일 먼저 답장을 받은 것은 나였다. 무섭이 형도 청년회 회장도 아니었다. 누나가 떠나가던 날 부친 편지였다. 내 편지를 받은 누나도 헤어짐이 무척 아쉬웠다면서 답장을 곧바로 보내주어 가슴에 용솟는 그 무엇이 있었다.

나를 시골스러운 멋을 지닌 동생으로 삼을 테니 총명하게 열심히 살고 기회가 되면 꼭 [공부]를 하라고 신신당부를 남기는 내용이었다.

더운 여름과 푸르름이 가득한 하늘도 모두 내 것처럼 보였다. 힘든 일도 땅 짚고 헤엄치기처럼 수월해졌다.

환상 같은 나의 짝사랑이 시작되었다. 일주일에서 열흘을 편지 쓰는데 몰두했고 총명한 의식으로 살고자 노력했으며 항상 책을 읽는 성실한 시골 청년으로 완전하게 자리를 잡았다.

그렇게 하면 누나도 나를 시골스러운 동생이 아닌 멋진 남자로 받아들일 것 같은 생각이 시종일관 지배했다. 사랑은 국경도, 나이도 초월하니 지식도 초월하게 될 거야, 라는 생각으로 거침없이 편지를 써 보냈다.

누나에게 답장도 곧바로 와서 산과 하늘도 내 편이 되었다. 동네 청년 형님들도 부러워하는 눈치였고 동네에는 적당히 소문도 돌았다.

편지는 열흘 정도 간격으로 탁구공처럼 왔다 갔다 했다. 누나의 편지를 전해주는 집배원 아저씨도 내게 편지를 건네줄 적마다 시골 총각 바람이 단단히 났다고 웃으며 말을 건넸다.
마음이 간사해져서 우리 마을 동창끼리 연애하는 친구들이 시시하고 어려 보였다. 동네에서 공개적으로 연애하는 사람들이 초라하게 느껴졌다.
나는 서울에 있는 대학의 이름다운 여학생과 연애하니 얼마나 격이 다른가! 하늘 높은 줄 모르고 기고만장해서 어깨에 힘을 주고 다녔다.

가을, 토실토실하게 살찐 알밤을 모아서 누나에게 보내 주었고 머루 다래도 따서 보내 주었다. 철쭉나무 뿌리가 몹시 뒤틀려 관목이 된 과목도 손질하고 니스칠을 곱게 해서 보내 주었다. 온갖 정성을 들였다.
그럴 때마다 누나는 답례로 꼭 읽어야 한다며 명작 책을 보내주었다. 세종대 총장님께서 쓰셨다는 『평양함락』 도스토옙스키의 『죄와 벌』 『카라마조프의 형제들』 펄벅의 『대지』 이광수의 『꿈』과 『무정』 김동인의 『배따라기』 에밀리 브론테의 『폭풍의 언덕』 등 이었다.

  나는 충성스러운 부하처럼 빠르게 몇 번씩 읽고 어설픈 감상문을 써서 보내 주었다. 그러면 점수를 후하게 둘 것 같았다.

  그때부터 나는 시인이 되어 가을을 노래하며 충만함을 어쩌지 못해 글을 남기기 시작했다. 특히 문학적 감성이 농후하다는 누나의 언질에 큰 자극을 받았다. 어쩌면 그 시절 문학적 소질이 계발된 것이 아니었을까. 그 시절 성장기에서는 최고의 가을을 경영했다.

  환상이 무참하게 깨진 것은 겨울 초입이었다. 나를 보고 싶으니 시간이 되면 가을걷이 마치고 서울을 다녀가라는 누나의 편지에 눈물까지 글썽였다. 그동안 너무 집착한 나머지 누나 모습을 생각하려고 해도 모습이 잘 떠오르지 않았기에 더욱 감격했다.

  사랑하니까 더 가물가물하고 보고 싶을 적마다 손때가 묻을 정도로 편지를 읽었다. 그리움은 사람을 미치게 만드는 힘이 있었다.

  늦가을 비가 추적추적 내리던 날 마땅한 신발이 없어 시골 사람들이 신는 털신을 신고 서울 세종대학교를 들어갔다. 지나가는 학생들이 내 신발을 보며 웃으며 지나갔다. 그러나 내가 누구인가. 몸을 꾸미는 것은 조금도 관심 없는 시골 이야기 속 주인공이라서 눈곱만큼도 신경을 쓰지 않았다.

합창반 모임으로 찾아가니 누나가 반갑게 맞아주었다. 그리고 반원들에게 시골에서 사귄 동생이라며 소개해주었다. 그때 내 가슴에 흘러가던 행복의 물비늘 위로 초겨울 햇빛이 반짝였고 시골에 묻혀서 고생 속에 철없이 살던 지난날이 보상받듯 빛이 났다.

데이트로 학교 건너편에 있는 어린이 대공원을 거닐었고 태어나 처음으로 돈가스를 먹어 본 날이었다. 저녁을 먹고 나서 만날 사람이 있다며 소개해 준 사람은 나의 환상을 깨고 현실로 돌아가게 만들어버렸다.

바로 누나의 애인이었다.

"이쪽은 누구냐 하면 순수하고 시골스러운 더벅머리 내 동생이고…."

누나 말에 누나 애인이 말했다.

"이야기 많이 들었어요. 편지를 잘 쓰셔서 시골에 두기는 아까운 사람이라고."

내 가슴이 형편없이 무너졌다. 그렇지만 냉정을 잃지 않고 누나 애인에게 형이라고 불러주었다.

두 사람과 서둘러 헤어지고 나서 서울에서 취직하여 사는 고향 친구를 찾아갔다. 무너지는 가슴에 기절하도록 술을 퍼마셨고 다음 날 서둘러 서울을 빠져나왔다.

얼마를 지나 눈이 펑펑 내리던 겨울이 되어 정상으로 돌아온 나는 짝사랑 누나를 진정한 누나로 새롭게 인정하는 편지를 썼다.

오랜 착각이었지만 사춘기를 무척 근사하고 멋지게 보냈음을 인정했다. 그 뒤로 무려 4년 정도 편지로 내왕하면서 문학적 소양을 많이 쌓았다.

누나가 결혼하면서 내가 잠시 고향을 떠났다가 돌아오는 부재의 시절이 있어 편지가 끊기었다. 그 이후 나도 20살 청년이 되어 바쁘게 살았다. 그러나 누나의 당부처럼 독서에 게을리하지 않았다. 우리 마을에 마을문고도 만들어 놓았다.

그때 편지를 얼마나 썼느냐 하면 지금도 서울 광진구 모진동 하고 외울 정도였었으니 정말 열심히 썼던 기억입니다.

누나의 당부처럼 총명하게 열심히 살아왔고 글은 틈틈이 써서 얼마 전에는 수필가로 추천받아 정식으로 글을 쓰는 사람이 되어 이렇게 당당하게 첫사랑을 떠올려 봅니다.

제 인생에 가장 아름다운 정신적 청량한 토양을 제공해 주신 분이라 이렇게 밝히고 당당하게 찾아 나섭니다.

여러분 중에 누나가 있을지도 모르고요….
 아니더라도 알고 계시는 분들은 제게 꼭 연락을 주시기를요. 정말 많은 것을 남겨 주었거든요. 그때부터 쓰는 일은 습관화되어 지금까지 이렇게 글을 쓰고 있답니다.

운전하는 나를 펑펑 울린 친구, 명절 이야기

청주에서 내가 사귄 친구가 두루 많은데 그중에 가장 기억에 남고 가끔 내게 따듯한 눈물을 던져주는 감성 덩어리 친구가 있습니다.

처음 만난 곳은 내가 중, 고등부 검정고시 공부하느라 야학에 다닐 때였지요. 친구는 국립지방대 철학과를 다니며 야학 교사로 윤리를 가르쳤고요.

친구와 나는 그렇게 만났습니다. 나이가 같았고 문학이나 책에 관심이 많아서 쉽게 친해졌답니다.

가끔 친구 집에 놀러 가면 안방 책장에 책이 빽빽이 꽂혀있어 촌놈이었던 나는 부럽기만 했지요. 내가 부러워하는 것은 많은 책이었어요. 책 때문에 가까워졌고 또 감성이 섬세하고 다정다감한 성격이라 우리는 야학과 상관없이 자주 만났답니다.

그러다 보니 친구의 친한 친구들을 모두 사귀게 되어서 지금도 친구의 친구들하고 사업도 하고 술을 마시며 잘 지내는 친구들이 많답니다. 친구의 대학 친구들, 고등학교 친구들, 그리고 초등학교 친구들하고 모두 친합니다.

친구는 내 유년의 고생스러운 여정을 하나하나 알아 갈 때마다 안경을 벗고 눈물을 닦곤 했었지요. 서로 자주 만나면서 책 선물을 많이 해 주었고 엽서나 편지도 자주 했습니다. 남들이 보면 연인 사이로 오해할 정도의 분위기였는데 내가 더 친구에게 듬뿍 빠져있었답니다.
 친구가 나를 펑펑 울게 만든 일이 몇 번 있을 정도로 나누는 것이 많았지요. 가슴 뜨거운 일이었습니다. 오늘은 그 이야기 하나를 나누려고 합니다.

친구도 결혼하고 나도 결혼하고 직업은 서로 달랐지만 자주 만나며 삐지고, 또 술 마시고 하면서 깊은 인연을 이어가고 있었지요.
 친구와 자동차 드라이브도 자주 했는데 애인이 타는 것처럼 함께 한 시간이 풍요롭고 재미있었습니다.
 문학과 책, 그리고 아름다운 삶에 대해서 끝없이 이야기할 수 있는 데다 장난기도 있고 유머도 나름 풍부합니다. 또 막걸리와 파전을 유독 좋아해서 어느 곳이든 가면 시간 가는 줄 모른답니다. 그러니 애인을 태우는 것보다 재미있지요.

 10년 전 가을날, 그 친구와 괴산, 수안보, 단양을 당일치기로 함께 다녀오는 날 있었던 일입니다. 지금도 그때 드라이브를 잊지 못합니다.
 친구가 운전하는 나를 엉엉 울렸기 때문이지요. 남자 둘이서 드라이브하며 함께 눈물을 펑펑 쏟았다고 생각해 보면 어떻게 보일까요.
 우리는 결혼하고 살면서 남자이지만 그런 감성을 나누곤 했습니다. 그때는 정말 그랬습니다. 두 남자의 수상한 동행이 지금도 선명하게 남아 있답니다.

 단양에서 용무를 마치고 돌아오며 송계계곡도 감상하고 수안보에서 커피 한잔했지요. 그리고 괴강을 거치며 오는데 그곳에서 우리는 함께 울고 말았습니다. 친구 때문이었지요.
 운전하는 저에게 친구는 어제 어느 잡지에서 아픈 감동으로 읽은 이야기가 있다며 주머니에서 종이를 꺼내 제게 읽어주는 거였어요.
 내가 바쁘니까 읽을 시간이 없을 거라면서 아주 차분하게 읽어주었지요. 나도 운전하며 빠져들어 갔어요. 가끔 좋은 시나 책을 서로 추천하는 친구라서 감성도 비슷하거든요. 같이 들어 보세요.

'딸아이가 건넨 주먹 안에는….'

남편 사업이 실패로 어려움을 겪게 된 것이 불과 4년 전 일이었습니다. 직원 5명의 작은 공장이었지만 그래도 꾸준한 매출 덕에 자부심을 품고 운영해 왔던 일터가 무너지는 건 한순간이더군요. 집도 절도 없는 나락으로 떨어졌다는 생각에 우리 두 부부는 하루하루 절망의 나날 속에 지옥 같은 생활을 견뎌야 했습니다. 특히나 초등학교 입학한 하나뿐인 우리 딸 하나에게 부모의 책임을 다해주지 못하는 것 같아 정말 부끄러웠습니다.

그렇게 맞이한 설날 아침, 형편으로 보자면 도저히 친척들 얼굴 보러 갈 면목이 없었지만 편찮으신 어머님께 마지막 인사가 될지도 몰라 무거운 발걸음을 큰댁으로 옮겨야 했습니다.

위아래 6남매의 대가족 중 막내 남편인지라 다들 앞으로 어떻게 상황을 극복할 것인지 위로와 걱정을 많이 해 주셨습니다. 한편 고마우면서도 가시방석에 앉은 듯 불편했지요. 넉넉한 살림은 아니기에 선뜻 금전적 지원해 줄 수도 없는 노릇이고 보면, 모든 가족이 그다지 편한 자리는 아니었습니다.

식사하고 서둘러 나오려는데, 조카 녀석들이 세배하겠다고 난리를 쳤습니다. 초등학생, 중학생, 조카들이 10여 명 정도 되는데 우리가 자리에 앉는 것도 기다리지 않고 무조건 세배하기 시작했습니다.

아차, 이를 어쩔까요. 세뱃돈 말입니다. 수중에 돈이라야 몇만 원뿐인데 형님들께 꿔 달라고 이야기하자니 알량한 자존심이 똬리를 틀면서 이도 저도 못 하는 시간이 흘러 버렸습니다. 어쩌다가 내가 아이들 용돈조차 겁이 나서 못 주는 지경이 되었나 하는 생각에 얼굴이 저절로 빨갛게 상기되어 버렸습니다.

일단은 순서대로 하자며 큰집부터 순서대로 자리 잡고 앉아 세배받고 세뱃돈을 건네주었습니다. 저희 차례가 되었습니다. 아니나 다를까 아이들은 세배하고 초롱초롱 기대하는 눈빛으로 저희 지갑이 열리기를 기다리고 있었죠. 그때 뒤에서 누군가가 어깨를 톡톡 치는 것이었습니다. 저희 딸이었습니다.

손에는 방금 어른들에게 받은 5천 원, 만 원짜리 지폐들이 몇 들려 있었습니다. 조용히 제 손에 그 돈을 쥐여주며 살짝 미소를 짓는 어린 딸아이.

그 의미를(이 부분에서 글을 낭송해 주던 친구가 안경을 벗으며 눈물을 주르르 흘렸음) 아는 순간 저도 모르게 눈물이 울컥 쏟아졌습니다.

사실 저는, 세뱃돈 한 번 받아 본 적이 없었거든요. 엄마가 과자 정도 특별히 챙겨준 것이 전부였거든요. 세뱃돈 문화도 어느 정도 커서 있다는 것을 알았어요. 두 동생도요.

운전하는 저도 읽어주다가 이어 읽어가기를 못하던 친구도 정말 울컥하다 서로 펑펑 울고 말았는데 왜 그리도 감동되던지요.
눈앞 경치와 친구와 나의 마음이 한데 엉켜서 빚어낸 상황이었지만 왜 그리도 마음이 풍요롭던지요. 그 친구는 나의 어린 시절을 조금은 아는 편이어서 늘 마음으로 챙겨주었고 저는 따듯하게 그의 마음을 받아들였던 사이라 공감이 무척 빠르고 눈빛만 보아도 상황을 짐작하는 사이였습니다.
사실, 나는 세뱃돈을 받아 본 적이 없었기에 이 이야기가 가슴 깊이 남아 있지요.
음성 원남을 지나오면서 충북에서 유명한 보천 막걸리 두 병을 사서 나누고 청주에서 헤어졌는데 아마도 그 막걸리 맛은 최고였지요.

이렇게 소중한 마음과 심성을 지니고 있기에 남은 생애 동안 친구와 함께 할 것입니다. 덩치보다 큰 훈훈한 마음을 지니고 있으니까요.
나이 40 후반이 되었는데 지금까지 해맑은 소년처럼 남아 있는 애달픈 감성에 우리도 놀라면서 헤어졌답니다.
몇 년 전 일이었지만 지금도 가슴에 생생하게 남아 있는 [아름다운 동행]이었지요. 지극히 따듯했던.

이미 20여 년 이야기입니다. 요즈음 서로 뜨악해져 있답니다. 애증과 우정과 연륜이 쌓이다 보니 눈빛만 보아도 아는 그런 사이 속에 나이 50을 넘기다가 서로 토라진 사이가 되었습니다.

그 토라짐이 오래되었는데요. 그래도 내가 받은 것이 훨씬 많으니 또다시 살갑게 다가가서 남은 생애를 풍요롭게 나눌 것입니다. 친구는 저보다 책을 더 좋아합니다. 저의 단행본 잭이 나오면 반드시 선물로 줄 거랍니다.

요즈음, 나이가 드는가 봅니다. 친구가 보고 싶습니다. 나도 친구에게 뜨거운 감동의 울림을 한 번쯤 건네줄 생각을 합니다. 그것이 어울려 살아가는 사람의 삶이니까요.

빡빡머리의 슬픈 고집

나는 머리를 오래 길렀다가 한 번에 짧게 깎는 습관이 있다. 보통 두 달에 한 번 정도 깎는 머리라서 상당히 길어져 버린다.

머리를 감을 때마다 번거로움이 생겨나기 시작하면 '아, 깎을 때가 되었구나' 생각하고 단골 미용실로 간다. 그러면 미용실 주인은 한 달에 한 번 정도 깎으면 참 보기가 좋을 텐데 왜 그리 늦게 오느냐고 핀잔을 주기도 한다.

그러나 그다지 개의치 않는다. 두 달 만에 와도 짧고 정결하게 깎아서 10여 년째 단골이다. 머리를 깎을 때마다 어린 시절 빡빡 대머리를 깎던 때가 떠오른다.

태어난 동네가 거의 화전마을이었을 정도로 마을 가구들이 골짜기마다 흩어져 한두 집씩 살던 가난한 산골 시절이었다. 10살 전후 어린 시절 옥수수밥이 주식이었다.

우리 뒷집에는 머리 깎는 이발기 기계로 동네 어른들이고, 아이들이고 돈 대신 옥수수와 쌀과 말린 고추 등을 받고 머리를 깎아 주던 이발사님이 계셨었다. 형님뻘이셨다.

  이발소 시설은 따로 없었고 형님네 집 안방에서 이발 기계로 깎아 주었는데 당시 어린이들은 모두 빡빡이 머리를 깎았다. 동네에서 쌀밥을 먹고 사는 부자 아이들 몇 명 정도만 상고머리를 깎았다.
  빡빡이 머리에 비해서 상고머리는 윗머리를 2~3센티미터 길이 정도로 정갈하게 깎고 앞에서부터 옆부분과 목덜미 뒤까지 머리와 얼굴 부분을 경계하는 면을 예쁘게 정리해서 깎아 놓으면 보기가 좋았다. 당시, 빡빡이 머리를 깎는 소년들은 한 번쯤 상고머리로 깎아 보는 것이 소원일 정도였다.

  우리 집은 어머니 혼자 날품으로 우리를 키우는 관계로 빡빡이 머리도 남들보다 깎는 간격이 더 길었다. 더벅머리로 다분하게 자라다가 단번에 빡빡이 되는 거였다. 머리 깎을 때마다 이발사님에게 가져다드릴 곡식이 없었기 때문이었다.
  이발사 형은 동네 사람들의 머리를 모두 깎는 사람이어서 집마다 사정을 훤하게 알고 있었고 또 재미있는 형이었다.
  가끔 머리 깎는 이발기가 머리를 깎을 때 날이 무뎌져서 생머리를 잡아 뜯을 때마다 눈물이 찔끔 날 정도로 따가웠다. 그럴 때마다 이발사는 재미있는 말로 머리를 깎으며 따가워한 사람을 웃기고는 했었다. 또 정이 많은 분이었다.

겨울 어느 날 밤, 이발하시는 형님 집 부엌에서 불이 난 것을 내가 발견했다.
"불이야!"
큰 목소리로 내가 소리 지르며 어른들을 깨웠다.
불이 초가지붕으로 번져 붙기 전이어서 초가삼간이 전부 타는 것을 막았다. 이발사 형님 집 어른들이 너 아니었으면 큰일 날 뻔했다며 칭찬해주셨는데 그때 내 머리가 제법 자라있었다.
다음날 이발사 형님이 불러서 갔더니 자기 집 불타는 것을 막아주어서 고맙다고 머리를 공짜로 깎아 준다는 거였다.
처음으로 내 힘으로 머리를 깎는 셈이었다. 머리 깎을 때마다 없는 곡식을 준비해서 내 손에 들려주시는 어머니 손이 떨리는 것을 나는 보았었다.
이발할 돈이 없어 가위로 어머니가 손수 깎아 주고 했는데 빡빡이 머리더라도 가위 자국이 쥐가 파먹은 것처럼 남아서 죽기보다 싫었다. 머리가 따갑더라도 이발사님 기계로 깎는 것이 훨씬 좋았다.
이발사 형님이 다 끝났다며 내 목 가운을 벗기고 거울을 내 앞에 보여주셨다. 그때 나는 깜짝 놀랐다. 그토록 소원하던 상고머리로 깎여 있었기 때문이었다. 내 모습이 아주 단정하고 예쁜 모습으로 거울에 들어가 있었다.

전에 본 적 없는 다른 소년이 이었다. 그러나 나는 울상을 지으며 다시 빡빡머리로 깎아 달라고 매달렸다.

형님은 이렇게 깎는 것이 소원 아니었느냐며 오늘은 돈을 안 받을 테니 그냥 가라고 내 등을 떠미셨다. 그러나 나는 끝내 울음을 터트리며 빡빡머리를 깎아 달라고 징징거리기 시작했다.

이발사 형님은 알다가도 모르겠다며 혀를 끌끌 찼다. 전혀 이해를 못 하겠다는 표정이었다. 그러면서 돈은 안 받을 테니 걱정하지 말고 집에 가라며 인자하게 웃으셨다.

나는 끝내 엉엉 울면서 한마디 내뱉었다.
"상고머리는 금방 자란단 말이어요!"
나는 그때 머리가 긴 만큼 빨리 자라서 어머니가 고생하실 것을 생각하느라 상고머리를 즐길 겨를이 없던 어린 소년이었다.

내 말을 들은 이발사 형님 참 기특한 녀석이라며 나의 고집을 꺾지 못하고 다시 빡빡이 머리로 만들어 놓았다. 무엇인가 서운하지만, 빡빡이 머리가 안심되었다. 그날 이후 몇 번을 더 공짜로 빡빡이 머리를 깎아 주었다.

"앞으로 너는, 머리통보다 크게 될 녀석이야."

이발사 형의 말씀대로 크게 잘 된 것은 없지만 세상을 올바른 가치관으로 열심히 사는 중년은 되어있지요. 그리고 크게 될 거라는 말씀대로 몸은 정말 185센티와 108킬로그램 정도이니 눈으로 보기에는 크게 되어있던 셈이지요.

몸 아무나 크는 게 아니거든요^^ 그날 이후 습관 때문에 저는 지금도 머리 깎는 주기를 남들보다 길게 두 달을 유지하며 살아가고 있습니다. 비용이 아까우니까요.

어제 이발기 사진을 누가 페이스북에 올려 이글이 생각났지요. 갑자기 유년이 떠 올라옵니다. 제 삶의 에너지는 다양합니다. 유년과 여행, 미래에 대한 계획이 주는 에너지 등 다양하지요. 문학지에 실렸던 추억을 꺼내 봅니다.

제가 브런치 작가입니다. 아직 알고리즘을 모두 이해하지 못하고 파악하느라 매일 글을 쓰고 있습니다.

제가 지속성은 뛰어납니다. 지금은 매우 바쁜 시절이어서 많은 시간을 할애 못하지만, 차차 적응하고 속성을 파악하면 성실한 정진을 할 거랍니다.

천등산 시절 유년을 먼저 건지고 역동적이던 청주의 삶과 지구촌을 뒤지며 사는 일상으로 액티브한 스토리로 가슴을 뜨겁게 달궈드리고 싶은 것이 제 소원입니다.

내일 모래면 추석입니다. 모두 즐겁게 보내십시오.

훔친 자전거가 나를 울렸다

　포항에서 25살 때 아르바이트로 건축 현장 막일을 1년 정도 했어요. 그때 죽도초등학교, 기독교병원, 포항공대, 포항제철, 강원산업 등에서 철근 기능공으로 공사를 했었어요.
　상도동 종합운동장 부근에서 자취하며 고된 막일을 거칠 것 없이 했어요. 지금은 기계와 전기로 철근 절단과 구부리는 것을 하지만 그때는 커다란 오함마로 철근 25mm를 5번 내리쳐서 절단했고 가공도 사람의 힘으로 했지요.
　제가 그때 공사 현장에서 잠깐 쉬는 짧은 시간에도 한구석에서 소설책을 읽었어요. 그때 나이 많은 분들이 저를 함부로 대하지 않고 모든 일을 자기 일처럼 도와주었습니다.
　많은 편의를 제공해 주셨던 이유는 남과 다른 분명한 행동을 했기 때문이었어요. 쉴 때마다 책을 읽었고 일할 때는 솔선수범했기에 잠시 노동의 세계에 머물다 어딘가로 날아오를 사람으로 인정해 주었지요. 즉, 꿈이 있는 주관적 삶을 살았지요.

그때 현장으로 출근은 중고 자전거를 사서 했어요. 포항이라는 도시는 어디든지 30분이면 도달할 정도로 아담하고 좋았어요.

동쪽으로는 바다가 출렁거리고 동남쪽으로는 거대한 제철공장이 굉음을 내며 긴 굴뚝으로 하얀 연기를 뿜어내는 살아있는 도시였지요.

자전거에 대한 아픈 일화가 하나 있어요. 고된 일을 마치고 포항제철 앞 포장마차가 늘어선 곳 중 한 곳에서 동료들과 술을 마시고 나왔는데 내가 타고 갈 자전거가 없어진 겁니다.

그때 거금 2만 원 주고 장만한 중고, 반 짐 발이 자전거였어요. 소중한 재산 1호인데 어떤 자식이 타고 가버린 겁니다. 아, 심한 낭패감에 화가 나더랍니다. 중고지만 새로 산 지 열흘도 안 된 자전거였어요.

술이 오를 대로 오른 상태로 화가 나서 눈에는 눈, 이에는 이, 라고 나도 포장마차들 앞에 길게 줄지어 서 있는 자전거 중 내 중고 자전거하고 비슷한 자전거를 몰래 올라타고 집으로 내 달렸어요. 혹시나 붙잡힐까 봐 혼비백산으로 달렸어요.

분명 술에 취했는데 사고 안 내고 무사히 자췻집으로 왔어요. 지금으로 보면 음주 자전거 운전이었지요.

다음날 일어나 그 자전거로 출근하려는데 짐칸에 손때가 꾸덕꾸덕 묻은, 가장의 냄새가 물씬 나는 도시락 가방이 아프게 실려 있었어요. 그때 내 가슴에 짠한 기운이 흐르며 아팠어요.

나는 총각이니 점심도 현장에서 사 먹을 정도로 책임질 가정이 아직 없는 총각인데 내가 훔쳐 온 자전거 주인은 한 집안에 가장이 분명해 보였어요.

그런 자전거에 가족들의 생명줄이 간당간당 걸려 있다고 생각하니 가슴이 먹먹해 왔어요. 그리고 쓰려왔어요.

저 자전거를 잃어버린 주인이 '나'라고 생각하니 눈물이 왈칵 나왔어요. 때 묻은 도시락 가방이 침묵으로 여러 가지를 내게 보여주었어요.

나는 이틀 정도 품삯으로 또다시 중고 자전거를 사면 되지만 자전거 주인은 가장이니 그것도 만만하지 않을 것 같았어요.

소년 시절 소년가장으로 동생들 둘과 환자였던 어머니와 살며 벅찰 때마다 가족들 몰래 눈물을 훔치곤 했으니까 힘에 부치는 가장의 비애를 잘 알고 있었지요.

독고탁 만화의 주인공처럼 울지 않는 소년이 되겠다고 했지만 몰래 많이 울었습니다. 독고탁은 제 우상이었어요. 가장 좋아했던 만화였어요. 그리고 『프란더스의 개』에서 동화 속 네로와 파트라슈도 마음에 담고 자라났지요.

  종일 일을 하는데 마음이 무거워 결국 퇴근할 때 다시 포장마차를 찾아가 가장 가까운 파출소에 갔어요.

  "어젯밤 술 먹고 내 자전거인 줄 알고 타고 왔는데 아침에 보니까 아니어서 주인에게 돌려드리러 왔답니다."

  파출소에 신고하고 자전거를 훔쳐 왔던 포장마차에 경찰관님과 같이 갔어요.

  포장마차 주인에게도 말을 하니 어제 자전거 잃어버린 분이 가게 단골이라며 좋아했어요. 그제야 아, 마음이 편안해지고 나를 누르던 비애들이 없어졌어요.

  집으로 돌아올 때 동료 자전거 뒤에 매달려 오는데 세상이 가볍고 개운했어요. 자전거가 주인 품에 전달되기를 고대했지요.

  추억이 있는 포항에 오니 그때 일이 영사기처럼 떠 오르네요. 가난했지만 성장통이 아름답게 아프던 시절입니다. 가난이 병 같던 시절 아프지 않고 자라났지요. 그래서 1년을 살았던 포항이 언제나 특별하게 각인되어 버렸어요.

  오늘 포항의 멋진 형님이 불러주셔서 먼 길을 마다하지 않고 달려왔습니다. 700킬로를 달린 하루였어요. 내일은 낮에 책을 읽다가 구룡포까지 둘러보고 저녁에는 새로 만난 포항 동생을 만날 것입니다.

이틀 밤을 포항에서 편안하게 보낼 겁니다. 자전거를 돌려주고 집으로 돌아오던 가벼움이 오늘 내 가슴에 파고듭니다.

선명한 에너지로 살아나는 겁니다. 그래서 그런지 오늘도 장사는 주머니가 두둑해지도록 대박이 나서 잘되었답니다.

재작년 혼자 독서 여행하며 포항을 지나다 청소년 시절을 추억하며 쓴 글입니다.

시골에서 서리로 닭과 토끼까지는 훔쳐보았지요. 그때 서리는 무슨 계급장 같은 멋스러운 것들이 남자들 사이에 있었기에 죄책감은 없었지요. 그런데 도시로 진출하고 나서 없어진 내 자전거를 보상하듯 본의 아니게 훔쳐본 자전거에서 세상의 삶 중에 가슴을 막히게 하는 [가장의 책임]이라는 무거운 것을 그때 보았던 겁니다.

추석 연휴 이튿째 일요일 새벽입니다. 날이 밝으면 영덕을 갑니다. 구주령을 넘고 평해를 지나서 영덕을 좋아하는 형님과 갑니다.

「프란더즈의 개」

『프란더즈의 개』를 아십니까?

초등학교 4학년 가을 있었던 일이랍니다. 제가 1학년 때 혼자되신 어머니께서 책은커녕 공책과 연필도 새것을 사 준 적이 없었기에 동화책은 우리 집 방에서 굴러다닌 적이 없었답니다.
　어머니는 겨울이면 마치 중환자처럼 앓아누우셨고 저는 2살 터울 여동생과 남동생을 챙기며 땔감을 해 나르느라 달리 책을 접할 시간이 없었답니다. 겨울 저녁때면 마른 풀을 뜯어다가 아궁이에 연기라도 쬐어야 설잠이라도 잘 수 있었답니다.

　그런데 4학년 여름방학 때 동화책을 알게 되었습니다. 담임 선생님께서 방학 때 책 좀 읽으라며 마을 단위로 동화책을 한 권씩 배분했었습니다. 우리 동네는 4명의 학생이 있었고 책을 제가 먼저 읽기로 했습니다.

제목은 『사랑의 학교』였었지요. 그 책을 다 읽기 전 수해가 (1972년도의 큰 수해) 나서 작은 개울가에 웅크리고 있던 우리 초가집은 가재도구를 건질 새도 없이, 흔적도 없이 떠내려갈 때 그 책도 함께 떠내려갔지요.

방학이 끝나고 반납해야 했으나 감감무소식처럼 버렸답니다. 떠내려간 동화책으로 동화에 눈을 떴음에도 불구하고 죄책감에 학교 책은 저에게 오랫동안 그림에 떡이 되었습니다.

그해 가을, 추억으로 남기기도 벅찬 사건이 생겼습니다. 메뚜기 잡기와 벼 이삭을 줍던 때 우리 마을 면 소재지는 당시 10킬로 이상 떨어진 먼 곳이었는데 서커스가 들어와서 공연을 벌였었답니다.

우리 마을 골짜기 사이 골짜기에도 서커스 소문이 퍼졌지요. 어린 마음에 무척이나 가고 싶었답니다. 엄마 손길에 이끌려 다녀온 아이들의 자랑에는 신기함의 극치였습니다.

어느 일요일, 엄마는 아침 일찍 벼 베기 날품 팔러 가셨고 저는 기회다 싶어 엄마가 감춰둔 100원짜리 종이돈을 꺼내 면 소재지를 걸어서 갔습니다.

멀고 먼 길이었음에도 주머니에 꾸겨진 100원짜리가 원인

모를 자신감을 심어주었답니다.
 세상이 모두 내 것이었지요. 그곳에 도착하고 보니 먹거리가 지천이었고 천막으로 가려진 서커스는 자연스럽게 관심 밖으로 밀려나고 말았습니다. 아까운 돈이어서 군것질조차 어려웠는데 이상하게 문구사를 겸한 서점에는 선뜻 발을 들여놓고 말았지요.
 그때 눈에 띈 책이 『프란더즈의 개』였습니다. 제목이 동물을 상징했기에 호기심으로 고른 책이었지요. 100원 지폐를 주니 70원을 거슬러 주시더군요.
 눈을 딱 감고 10원어치의 찐빵을 샀습니다. 고픈 배를 채우고 남을 양이었습니다. 두 동생이 생각나서 조금만 베어 물고 비닐봉지에 넣고 쌌습니다. 입에 살살 녹는 맛이었습니다.

 우리 동네는 제원군 백운면에서 동강의 3분 1정도 크기가 되는 물길을 따라 걸어 10킬로 정도 내려오면 동네에 닿는답니다.
 길을 따라 걸으면서 책을 읽기 시작했는데, 아뿔싸! 내용은 바로 저의 이야기와 진배없었습니다.
 동네에서 최고 가난하고 겨울이면 앓아누우시던 엄마와 가장 풍요롭게 사는 같은 반 정숙이에게로 향했던 짝사랑 등은 바로 저의 이야기로 귀결되었지요.
 세상을 이기지 못하고 네로가 루벤스의 그림 앞에서 가냘픈 어깨를 뒤로하고 죽는 장면에서 한없이 울면서 걸어 내려왔습니다. 서산에 지던 해님도 내가 사랑하는 하늘에 붉은 눈물을 가득 뿌렸습니다.

그날 저녁이었습니다. 벼베기에서 돌아오신 엄마는 곧바로 돈이 없어진 것을 알았습니다. 또 범인이 저라는 것을 한 번에 눈치채셨답니다. 저는 표정이 용의주도하지 못했거든요. 다짜고짜 매를 들고 까무러칠 정도로 저를 때리셨습니다.
까닭 모를 설움이 몰려와서 악머구리처럼 서럽게 우니까 겁에 질린 두 동생도 함께 울었지요. 울다 지쳐 곯아떨어진 나를 엄마가 깨웠습니다. 밀가루만 동동 뜨는 수제비라도 먹고 자라고…. 그리고 물으셨습니다.
"훔친 돈을 어디에 썼느냐."
얼른 『프란더즈의 개』와 남은 돈 그리고 두 동생 주려고 남겨 왔던 빈 찐빵 봉지를 엄마 앞에 내놓았지요. 그리고 엎드리고 흐느끼며 용서를 빌었습니다.
모든 품목을 점검하신 엄마 얼굴은 당혹감이 언뜻 지나갔습니다. 그것으로 저의 죄는 씻은 듯이 앞 개울물에 떠내려갔습니다.

다음 날 아침 풍요롭게 가을 해는 떠올랐습니다. 까닭 없이 저의 얼굴을 마주 보지 못하시는 엄마 얼굴 눈 주위는 아버지가 돌아가셨을 때만큼이나 퉁퉁 부어있었습니다.

아, 어머니….

이 글은 2005년 가을에 씀.
2010년 여름에 어머니는 고인이 되셨지요.
글쓰기의 화두는 언제나 어머니와 유년이 많네요.

나이 듦은 파란 유년으로 돌아가는 거다

대청마루에 홀로 누워 서향 하늘을 보노라면
기우는 태양을 가린 추녀 끝으로 보이는 반쪽만의 세상
고추가 말라가는 멍석 위로 고추잠자리 떼는 날고
흐릿한 졸음이 눈꺼풀을 덮고 내리는 낮잠….

망초꽃이 우거지는 뒤 뜰엔 하염없이 매미만 울어대고
마당 가에 헐렁한 아궁이에 솥을 걸어 놓고
옥수수와 고구마로 여름을 쪄내던 어머님의 저녁
아마도 내 유년의 잔잔한 평온의 시절이었지.

그 아름다운 시절은 내게서 추억처럼 가고
회색 콘크리트의 이기적인 숲속에서 나조차 잃어버린 채
마냥 앞으로만 저돌적으로 가고 있는지….

청순한 꿈들은 흔적도 없고 이기의 꿈만 피운 채
서러운 중년의 길에서 메마르게 살고 있는가?
노후를 견뎌낼 샘물 같은, 동아줄 같은 정도의 연금을 만들면 도시에 대한 미련 줄기들은 훌훌 잘라 버리고 숲과 같은 저 자연의 품 안으로 돌아가리라.
화실 같은 집 지어 한나절 가을 태양도 보고 앵두나무 밑으로 쪼르륵 흩어지는 다람쥐도 보고 가을 영그는 해바라기 얼굴처럼 환하게 살겠네.

아 목동들의 피리 소리는 산골짝마다 흘러나오고~
여름은 가고 꽃은 떨어지니 너도 가고 또 나도 가야지
저 목장에는 여름철이 가고 산골짝마다 눈이 덮여도
버려진 문전옥답을 씨 뿌려 가꾸면서
하모니카로 아내가 좋아하는 아~ 목동아를 부르면서 한 시절 촌부의 모습으로 살아야겠다.
지금 생각해도 마냥 신이 나는 아름다운 한 폭의 그림 같은 노후를 살아야겠다.

바쁘게 살면서 마음속에 품은 전원적인 정서를 마르지 않게 유지하며 살아갑니다. 제 삶의 근원이기도 합니다.
늘 바쁜 여정이지만 마음에 구시대다운 정서를 지니고 삽니다. 사실, 장사하면서 취미, 여행, 음악, 글쓰기, 사진 찍기, 책 읽기 등 다양하게 병행합니다.

아직은 참 힘든 시간을 살아 내고 있습니다. 셀프 에너지를 만들어 내면서요.

유년의 등골을 빼먹은 지게 귀신

　지게는 내가 성장기에 접어들기 전, 내 등골을 전부 빼먹은 등골 귀신이었다. 10살 때부터 엉성하게 땔감으로 져 날랐던 지게는 초등학교 1학년 때 돌아가신 아버지의 유물이었다.
　내가 질질 끌듯이 지고 다닌 것이다. 내가 지게를 진 것이 아니라 지게가 나를 지고 다닌 것이다. 그때부터 지게와 난 혼연일체가 되어 고향 산천을 등지고 나오던 24살까지 하루도 거른 날이 없을 정도였다.
　여름날에는 소 꼴을 날마다 베어 날랐고 밭농사에 들어가는 모든 품목을 지게로 져 날랐다. 가을이면 밭에서 거둔 농작물을 지게로 져서 집으로 날랐다.
　내가 초등학교를 졸업하고 14살에 농군이 되었을 때 두메산골에는 경운기도 없던 마을이었다. 또 겨울이면 1년 내내 이 산, 저산 나무들을 잡아먹는 아궁이에 땔감을 모두 지게로 져 날랐으니 내 어린 등골이 성할 리 만무했다.

  초등학교를 졸업할 때는 그래도 키가 큰 축에 들었는데 친구들이 중학교를 졸업하고 고등학교에 진학할 때는 내 키가 친구들에게 추월당해 있었다.

  그때마다 어머니는 지게가 내 등골을 모두 빼껵어 키가 자라지 않는다고 무척 속상해하셨다. 그때는 이미 나도 나뭇단을 장정 축에 들 정도로 묵직하고 실하게 문거리 나무들을 해 날랐다.

  1년 동안 아궁이 땔감은 나 혼자서 넉넉하게 해 놓았다. 아무리 추운 겨울이 도래해도 군불까지 땔 여유를 확보하고 있었다.

  빈 지게를 지고 산으로 나무를 하러 갈 때면 노래를 부르는 습관이 생겨났다, 워낙 심심한 데다 마음 붙일 곳이 없었던 터라 노래를 구성지게 부르면서 산으로 올라가곤 했다.

  골짜기마다 산 메아리들이 내 노래를 따라 부르는 것이 신기해서 부르다가 그것이 습관화되었다.

  동네 사람들은 내가 어느 산에서 나무를 하고 있는지 훤하게 알 정도로 목청을 돋워서 노래를 불렀다. 그 시절 유행가를 라디오에서 듣고 외워서 닥치는 대로 불렀다.

  흘러간 노래, 학교 때 배운 동요, 친구들이 불러서 따라 배운 가곡과 어설픈 팝송, 등등 노래라고 생긴 것이견 닥치는 대로 외워서 불렀다.

산으로, 들로, 밭으로 빈 지게를 지고 갈 때면 으레 노래를 청명하고 구성지게 불렀다. 아마 우리 동네 사람들은 그때 내 노래를 못 들은 사람들이 없었다. 그렇게 생겨난 별명이 병국이라는 이름에다 봄철에 노래 부르는 뻐꾸기를 합성해서 '정 뻐꾸기'로 붙여진 것이다.

뻐꾸기처럼 구성지다는 소리를 듣곤 했는데 친구가 없는 외로움 속에 힘든 일을 잊기 위해 혼자 절규하듯 토해내는 음성이 제법 그럴듯하게 어른들의 귀에는 처절함으로 들렸기 때문이었다. 내 사춘기는 지게에 눌린 영혼의 울림이 노래로 산천을 외롭게 떠다녔다.

꿈은 많은데 도시로 진출은 쉽지 않았고 배움의 길은 너무 멀어서 요원하기만 했다. 그렇다고 마음을 나눌 친구들은 하나도 없었고 형들이나 누나들만 내 주변에 있으니 지게와 노래가 나의 유일한 친구였다.

밤이면 미친 듯이 책을 읽었다. 책은 위안이 되었다. 그때부터 활자 중독증 환자가 된 것이다. 문학의 애정과 밑거름도 그때 형성되었다.

내가 지게로부터 해방 시간이 24살이 되어서야 찾아왔다. 시골에 있지만 내 가슴에 꿈이 있고 또 미치도록 공부하고 싶었다. 내 마음에 흘러가는 꿈은 언제나 푸르게 빛나고 있었기에 더 이상 시골에서 순진무구하게 썩고 있을 수가 없었다.

도시로 출타를 결정하고 가장 먼저 생각한 것이 청소년 시절 오지게 나를 잡아먹은 지게를 시원하게 부숴주는 일이었다.

빈 지게를 지고 천등산으로 올랐다. 바위투성이 천 길 벼랑이 수직으로 펼쳐진 곳 정상까지 돌아서 올라갔다. 그리고 마치 의식을 행하듯 엄숙한 자세로 지게를 큰 바윗덩어리에 매달았다.

다시는 내 등에 달라붙지 못하게 하는 의식을 행하는 사람처럼 그렇게 기도를 한 다음 그 지게를 매단 바위를 천 길 낭떠러지 아래 벼랑으로 굴려버렸다.

바위를 따라 굴러가며 부서지는 지게를 바라보며 내 찌든 젊은 날도 함께 굴려버렸다. 지게와 함께 살았던 시절들 산산이 부서졌다.

새로운 청춘과 시절이, 새로운 도시에서 펼쳐질 거였다. 나는 신성한 존재이고 꿈이 잠재해 있었다. 청아한 의식을 지닌 순박한 시골 출신이지만 언젠가 청량하고 원대한 이상 실현을 이룩해 내는 청년표음을 인식하고 있었다.

그렇게 해서 지게와 영원한 고별식을 마쳤다. 그리고 산에서 내려오는데 새로운 세상이 이미 저만치 다가와 있었다.

'드림 마니아'가 새롭게 탄생한 것이다. 그날 저녁 후련함에 진지하고 엄숙하게 혼자 막걸리를 한 되나 마셨다. 시원섭섭함이 가슴 한편에 가득 몰려왔지만 꿈에 부풀어 있었다.

 그 뒤로 빈 지게라도 져 본 적이 없었다. 사실은 몇 번 기회가 있었지만, 의식적으로 지게를 피했다. 다시 진다면 그때 감각이 살아나겠지만 성장이 억제되는 느낌이 들 정도였으니 싫은 것이 당연했다.

 앞으로 몇 년 후, 고향은 아니어도 시골 생활하고 싶다. 내 아내도 간절하게 원해서 속으로 은근히 기분이 좋다. 텃밭 정도 잘 가꾸어 오이, 가지, 감자, 고구마, 옥수수, 배추, 무, 상추, 고추 등을 키우며 잊어버린 농군 실력을 확인하고 싶다.

 도시에서 멀지 않은 곳을 자주 탐색하고 있다. 그때, 지게도 꼭 갖춰보고 싶은 것이다. 난 지금도 톱과 끌과 대패만 있으면 지게를 깎을 수 있다. 청소년 시절 지게를 손수 만들었었다. 이제 그 지게가 그립다.

 오늘 페북 친구님들을 세 팀이나 만난 날이다. 모두 시골 출신이어서 시골 이야기를 많이 했다.

 얼음 속 개구리를 잡던 일, 고라니를 생포하던 일, 고춧대를 피워 오소리를 잡던 일을 이야기하며 우리들의 성장 정서를 나눴다.

 베이비붐 세대들은 그 시절의 향수가 있다. 내 등골을 전부 빼먹은 지게 귀신이 생각나 옮겨본다.

몸에서 대지가 움트는 뚝 멋 남자

봄을 기다리는 대지의 속삭임

겨울에서 봄으로 건너가는 계절의 변화가 도래하면 나는 마치 허물을 벗는 구렁이처럼 의식에서부터 신경세포 속까지 변화를 맞는다.

일조량이 풍성해지면서 햇빛의 색깔에 금색의 생명력이 묻어나고 불어오는 바람에 봄 내음이 배어나면 내 말초신경에서부터 물이 오르는 버드나무 버들강아지 같은 생기가 돋는다.

가슴속에서 알 수 없는 설렘이 새끼를 낮는 토끼집처럼 부기미尾驥尾를 틀며 자라난다. 언 땅이 녹으면서 흙내음을 바람에 날리기 시작하면 나는 미세한 대지의 깊은 숨소리를 듣는다.

나는 농부의 자손으로 유년 시절 맛본 대지의 유순하면서 숭

고한 자세는 무척 아름다웠고 그 기운을 전율처럼 받아들이며 새싹처럼 자랐다.

그럴 즈음 맞이하는 새벽은 그 어느 때 보다 경이롭다. 봄이 오는 새벽 미명이 밝아 오면서 모든 생명이 깨어나기 시작하고 내 가슴에 똑같이 신경세포 하나하나 생기가 반짝인다.

나는 마치 의식을 행하듯 익숙한 농부의 행동으로 봄을 맞는다. 열몇 살 나이였지만 장정 품앗이를 거뜬하게 해 내었다. 자연이 내게 부여해 준 형언 하지 못할 힘이었다.

봄이 시작되면 내가 기르던 토끼와 닭은 생명의 번식기에 접어든다. 염소는 여린 새싹이 움틀 때 새끼를 낳았다. 만물의 소 생명들이 길고 장엄한 여정을 시작한다.

그러한 환경에서 자라다 보니 생명이 움트는 봄이 되면 나는 봄을 타기 시작한다. 겨우내 움츠러들었던 의식과 내면에 살이 오르기 시작하고 눈빛은 맑은 기운이 돌기 시작한다. 걸음걸이가 가벼워지고 노래를 흥얼거리게 되며 만사가 초긍정으로 돌아가는 것이다.

내가 흥얼거리는 곡이 봄을 노래하는 가곡이나 동요였다. 그 순간은 부자도 안 부러웠다. 최고 부자 대열에 있는 듯 착각에 빠질 듯 내 세상이 되는 거였다.

14살부터 소를 몰며 밭을 갈았는데 흙을 뒤엎는 맛에 취해서 '이~랴' '이~랴' 동네가 떠나가도록 소리치면 마치 땅에 산소를 공급하는 기분이 들어서 힘든 줄 몰랐다. 그렇게 봄은 내게 경이롭고 해마다 생경했다.

영업 전선에서 깃발을 휘날릴 때 항상 봄이었다. 내가 도시로 나와 봄을 맞이할 때 밭을 안 가는 것뿐이지 내 감성의 촉수에 봄버들 강아지처럼 물이 올랐다. 그래서일까, 봄에는 내가 하는 일의 능률이 몇 곱절 오르는 것이다.

시골 농부 일은 아니어도 몸이 근질거리기 시작하면 내가 하는 일에 의미를 부여하고 성실하게 해내는 것이다. 그렇게 봄은 나에게 예감과 영감을 주는데 나는 감성적이어서 하나도 놓치지 않는다.

한파의 추위가 시작되면 내게 다가올 봄을 미리 상상한다. 그러면 감각기관이 반응하기 시작한다. 코끝에 봄 내음이 미리 그려지고 입에서 불리는 노래는 여지없이 '강 건너 봄이 오듯이' '봄의 교향악이 울려 퍼지는….'등 봄노래를 흥얼거리며 봄앓이를 겨울 초반부터 시작한다.

햇빛도 금색으로 보이고 각 기관의 촉수도 일거리를 만난 농부처럼 마냥 꼼실거린다. 혹한의 추위가 전국을 얼어붙게 하지만, 마음에는 아지랑이가 가물거리고 새싹이 여릿게 솟아난다.

꽃이 흐드러지게 마냥 피어나는 것이다.

나는 다가올 봄에 미리 취해 춤을 너울너울 추면서 무녀의 대처럼 신들린 듯 겨울을 흥겹게 넘긴다.

청주는 꿈의 도시이고 나는 드림 마니아로 바쁘게 살지만, 겨울을 건너며 몸과 의식이 흔들거린다.

나는 봄을 애타게 기다리는 농부 같은 도시의 뚝 멋 남자이다.

오늘은 밤에 다시 청주에 머뭅니다. 봄을 '강 건너 봄 오듯' 기다리면서요.

어저께 당도한 한파를 맞이하며 영혼은 봄의 향연을 여는 것이지요. 오늘은 수요일이고 아직 겨울 초입이지만 내 입에서 나오는 노래는 '강 건너 봄 오듯이' 입니다. 그리고 뚝 멋 남자이고요.

분실된 지갑…. 우리나라 국민 품성이 참 좋다

정말 내 정신이 아닌 시절이다.

새해 첫 출장으로 제천과 충주를 갔다가 청주로 돌아오는데 밤 9시 무렵, 가경 단지에서 기다리는 고객님을 무인 카페에서 만났다.
커피 2잔을 사서 같이 마시며 비즈니스를 하고 집에 돌아온 것은 밤 11시다.

아뿔싸! 아침 출근 중 사무실을 올라가다가 지갑을 통째로 분실한 것을 알았다.

휴대전화기 카드 최종 결제기록이 가경 4단지 무인 카페였다. 다급하게 달려가니 누군가 지갑을 챙겨서 커피기계 뒤편

한쪽에 잘 안 보이는 곳에 가져다 놓았다. 찾는 사람이 신경을 써서 찾으면 보이는 곳에 살짝 숨겨놓았다.

  아, 안도감의 분말들이 나를 휘감았다. 정말 다행이었다.

  면허증과 주민증 그리고 결제 용량이 거의 소진된 카드들이지만 고스란히 들어있는 것을 확인했다. 대한민국 국민의 성품이 참 좋은 나라임을 다시 한번 느낀 날이다.

  정치가 국민 성품을 담아내지 못하는 것이 아쉽다. 나는 대한민국 국민이다.

확대경으로 이런 것만 찾는다

 나의 오랜 습관으로 고객들의 장점만 확대경을 들여다보고 찾는다. 그것은 내 습성이고 장점이다. 상대의 단점을 지적해도 얻을 것이 없다.
 나는 항상 상대의 장점을 확대경으로 바라보고 은유법적인 칭찬과 인정으로 빨리 친해지면서 깊게 오래간다. 그러다 보니 고객들이 많아 전국적으로 골고루 분포되어 있다.

 한번 맺은 관계가 오래도록 지속되는 이유 중 하나이다. 그렇다고 실수가 없는 것은 아니다. 실수하면 어떻게든 만회하기 위해 남다른 진심 어린 노력을 쏟아붓는다. 뭐든지 숨기는 것을 못 한다.
 내가 못 하는 것은 화투나 카드다. 내 패를 감추지 못한다. 그래서 노름 같은 것은 절대 못 한다. 불편한 표정이 완연하고 숨기지 못해서 믿어주고 따라주는 고객들이 많은 것이다. 그래서 많은 것을 얻었다.

인간관계도 좋아지고 나에게도 상대방에게도 좋은 결과로 나타났다. 내 의식의 모든 촉수는 고객의 가치 있는 장점만 찾아서 보게 되어있다. 그것은 오랜 훈련에서 비롯된 것이다. 지금도 남을 비판하고 비평과 불평을 잘 못 한다.

내가 바보 같은 이유는 분별력이 약한 것이다. 장점만 보느라고 옥석을 가려내지 못하는 것이 문제다. 단점을 보고 표시했다가 확실하게 분별해야 하는데 그런 생각을 하지 않는다. 의심 없이 긍정으로 수용하다가 마음을 써 준 것에 상관없이 나중에 곤란을 겪기도 한다.

그렇게 뒤통수를 맞고 나서 다시 장사가 잘되면 전부 잊어버린다. 사람들을 좋게 보고 믿고 가는 습성이 있다. 이 얼마나 어처구니없는 장사꾼인가? 내가 봐도 바보스럽기 그지없다.

사람을 놓치기 싫어하는 맹한 배려심 때문이다. 사람에 대한 무한긍정이 때로는 독약이 되기도 하는데 나는 필터링 조절 기능이 탑재되지 않은 것이다. 그것이 문제이다. 그나마 다행인 것은 확대경으로 찾는 장점으로 얻는 것이 바보스러워서 잃는 것보다 크다는 것이다.

그러하니 바보 같은 장사꾼으로 남아 있으되 장비와 같은 우직함과 의리가 있으니까 오래 지나고 보면 내게 돌아오는 것이 많다. 요즈음도 가끔 옛날 고객을 만나게 되는데 고맙고 반갑다. 상대방도 진심으로 반겨주니 나도 훈훈하다.

얼마 전, 서울 사무실에서 내가 좋아하고 존경하는 고객님을 만났어요. 저하고 이런저런 거래를 하시는 중견기업의 경영자님이신데 미모의 여성분이세요. 지성적인 미소가 넘치시는 분인데 대화하면서 감탄과 감동을 했어요.
서로 어떤 재테크적인 대화를 나누는 거였는데 삼십여 분의 대화에서 속으로 은근한 감동을 툭툭 던져주셨어요.

친정어머니가 치과 치료에 5백만 원 이상 카드로 결제하셨어요. 이자가 없어 2, 3개월 할부하셔야 했는데 일시금으로 하셔서 속으로 곤란했지만, 활짝 웃으며 잘하셨다고 어머니에게 말씀하셨대요.
그러면서 자신들 부부나 아이들에게 쓰는 돈은 몇 번 더 신중하게 생각하며 쓰는데 부모님에게 쓰는 것과 부모님께서 쓰시는 것은 생각하지 않으신다는 거였어요. 친정 부모, 시댁 부모님을 위한 것은 생각을 안 하고 쓰신다는 말에 제가 속으로 감동했어요.
요즈음 자녀들에게는 펑펑 쓰면서도 부모님에게 쓰는 것은 상대적으로 인색한 편인데 그분은 말씀하시는 모습에서나 평소의 생활하시는 인성에서도 진심이 묻어나거든요.

5부 빡빡머리의 슬픈 고집

저도 한 분 계셨던 어머님에게도 아무런 계산 없이 풍족하게 드린 게 한 번도 없었거든요. 30분 대화가 제겐 박하 향처럼 좋았고 신선했어요. 하긴 그분하고는 언제나 박하 향 이상이었지요. 그런 분이 제 고객인 것이 너무나 좋답니다.

사실 저는 늘 고객님들에게 삶의 수업을 받는답니다. 제가 부족한 것이 많으니까 항상 채울 것도 많지요. 오늘도 고객님에게서 제 속을 가득 채웠습니다.

지금은 이 세상에 없는 아내의 부모님이나 제 부모님을 위한 좋은 것이 있다면 계산 없이 해드리고 싶은 것이 오늘의 솔직한 심정입니다.

수요일입니다. 이번 주 금요일, 브라질을 갑니다. 비행시간만 26시간입니다. 비즈니스가 바빠서 글도 못 쓰고 책도 못 읽는답니다. 그래도 마음에 꽃 한 송이는 꽂고 다니고 건강한 파란 여유는 가지고 삽니다.

오늘 햇빛의 빛깔은 달콤하고 온화하다는 느낌이었으나 살갗에 닿는 바람은 면도날처럼 날카롭고 시렸습니다. 곧 봄이 남쪽에 당도한다는 소식에 어깨를 폅니다. 이 또한 지나가거든요.

아주 특별한 유년의 안주

　청소년 시절, 겨울만 되면 나는 일 년 동안의 아궁이 땔감으로 야무져서 오래 타는 물거리 나뭇짐을 해 날라서 마당 가에 보기 좋게 나뭇단 가리를 쌓아놓는 게 일이었다.
　그러다가 하얀 눈이 내리고 나면 길이 미끄러워 나무를 하지 않는 시간에 토끼사냥이나 꿩사냥은 무척 흥미로웠다.
　청산가리를(일명 싸이나) 곱게 갈아 구멍을 판 콩에 채워놓고 눈 덮인 덤불 밑이나 사이에 눈을 치우고 준비해놓은 콩을 놓아 꿩 잡는 일은 참으로 재미있는 일이었다.

　당시 나는 동네에서 유명한 사냥꾼 목록에 들어가 있었다. 철사 용모 몇 개만 가지고 산에 가면 산토끼 한두 마리는 아주 쉽게 잡는 재주를 가지고 있어서 긴 겨울밤 술 추렴할 때 술안주를 맡아놓을 정도가 되어있었다.

먹거리가 귀하던 시절이라 꿩고기나 산토끼고기는 겨울밤 술 안주로 당연히 최고였고 나 또한 안주를 제공하면서 어깨에 적당히 우쭐함이 들어가 있었고 나를 뺀 청년들이 돌아가면서 소주 됫병을 사곤 했었다.

하루는 산토끼를 두 마리나 잡아서 어깨에 둘러메고 기분 좋게 산에서 내려오는데 멀리에서 논바닥에서 배구를 하는 친구들이 보였다. 나는 그들에게 소리를 지르며 토끼 두 마리를 기세등등하게 보여주고 밤에 술만 사 오면 된다고 하니까 모두 아주 좋아했다.

저녁 무렵 아끼던 참나무 장작으로 소죽을 끓여주고 괄괄한 참나무 숯불을 화로에 가득 담았다. 화롯불만 보아도 고기를 굽고 싶은 생각이 들 정도로 불이 좋아 다행이었다.
그리고서 두엄더미에 쥐약을 먹고 죽어서 얼어버린 쥐 몇 마리중 상태가 좋은 쥐 세 마리를 골라서 가죽을 벗기고 내장도 통째로 버리고 고기만 깨끗하게 씻었다.
두 마리 토끼도 가죽을 벗기고 내장을 버린 다음 한입에 먹기 좋을 정도로 토막을 쳐서 쥐 고기와 분리해 두었다.

서둘러 저녁을 먹고 친구들이 올 시간쯤 나는 화로에 석쇠를 올려놓고 한구석에는 쥐 고기 몇 점을 올려놓고 전체에는 토끼 고기를 올려놓고 굽기 시작했다.

토끼고기와 쥐 고기를 눈으로는 확인 불가하지만 굽는 나는 확실하게 구분해 놓고 친구들이 마실 오기만 기다리는데 얼굴에는 웃음이 저절로 번졌다.

소주 됫병을 들고 친구들이 몰려왔고 화로에는 쥐 고기와 토끼고기가 구워지기 시작했고 술잔이 돌기 시작했다.

나는 쥐 고기 살점이 친구들 입에 들어갈 적마다 온몸이 오글거리는 희열을 느꼈지만 절대로 눈치 채이지 않았다. 친구들은 다른 날보다 유독 고기 맛이 좋다며 쥐 세 마리와 두 마리의 토끼를 다 구워 먹고 됫병들이 소주도 홀랑 비워버렸다.

다들 얼굴이 벌게지도록 취해 있을 즈음 나는 남겨놓은 쥐 꼬랑지 세 개와 벗겨낸 가죽을 보여주며 히죽히죽 고소하게 웃으며 솔직히 맛이 어땠냐고 물어보았다.

다들 믿지 못하겠다는 표정이면서도 어엿한 증거 앞에 눈이 휘둥그레 놀란 눈이었다. 그러나 이내들 히죽히죽 웃으며 맛이 조금 시큼했지만 부드럽고 맛이 있었다는 표정이었지만 떨떠름한 표정을 짓는 친구들도 있었다.

또 쥐 고기 맛이 이렇게 좋은지 몰랐다는 허세를 부리는 친구도 있었다. 술이 거나해서 아주 역겨워하는 친구가 없는 게 다행이었다.

나는 시골에 묻혀 청춘을 보내느라 장난기와 익살과 외로운 심술이 몸에 붙어있어 종종 이렇게 장난을 심하게 하곤 했었다. 무언가 별난 것을 보면 장난기와 심술이 발동해서 친구들을 약 오르게 만들곤 했었다.

두엄더미에 쥐약을 먹고 죽은 쥐를 볼 때마다 친구들 몸보신 시켜야지, 생각하고 있었던 것을 끝내 재미있게 시행한 거였다.

어디서든 쥐를 보기만 하면 그때 토끼고기로 속여서 장난친 때가 생각이 나는데 그 시절이 그리워진다.

그해에 나도 그 친구들에게 아주 용의주도하게 보복당해서 고양이고기와 쥐 고기를 먹어보았다. 지금도 그 맛이 기억나는데 쥐 고기는 느낌상 시큼할 뿐이지 맛이 부드러웠고 고양이고기는 닭고기 같았는데 질긴 느낌이다.

내 젊은 날의 왕성함을 이런 것으로 소화하며 성장해서 그런지 지금도 덩치는 줄지 않고 공짜라면 날아오는 대포알도 받아먹을 정도여서 여전히 입맛, 밥맛이 다 좋다.

언제 우리 고향에 오시면 이런 안주 적당한 값에 대접해 드릴 생각입니다. ♥

예쁜 사랑을 가지러 갑니다

작사 정병국
작곡 김오한

봄이 가져온 파란
초여름이 나는 좋다
그 예쁜 사랑을 가지러 간다

시간보다 빠르게 사니
가끔 방향도 잃어버리고
그 예쁜 사랑을 꿈꾸며 산다

달리며 마주하는 일상 중에도
내가 꿈꾸며 그리던

그 예쁜 세상을 가지러
오늘도 난 내일도 난 씽씽

달리며 마주하는 일상 중에도
내가 꿈꾸며 그리던
그 예쁜 세상을 가지러
오늘도 난 내일도 난 씽씽

나는 나그네
머물지 않는 사람이여
그대는 사랑
내가 가야만 할 그곳
그곳에 나는 가리라
예쁜 사랑을 가지러

봄이 가져온 파란
초여름이 나는 좋다
그 예쁜 사랑을 가지러 간다

달리며 마주하는 일상 중에도
내가 꿈꾸며 그리던

그 예쁜 세상을 가지러
오늘도 난 내일도 난 씽씽

달리며 마주하는 일상 중에도
내가 꿈꾸며 그리던
그 예쁜 세상을 가지러
오늘도 난 내일도 난 씽씽

영원한 방랑객 vagabond

강물 따라 흐른 날들~~

바쁘지도 않은 바쁨이
언제나 내 등을 밉니다
나 지나간 자리는
바람처럼 없어도
내 마음의 작은 일기에는
연필심으로 그린 그림이
궤적으로 남아 있습니다

바람처럼 구름처럼
거처 정처 모호한 혼을 흔들며
길 위에 외로움 맛봅니다.

내 삶은 통속한 나그네이지만
영혼은 수정보다 고운 빛으로
궤적마다 알알이 수 놓습니다

외로워도 들먹일 새 없고
피로가 고봉밥처럼 쌓여도
열정 하나로 상쇄시키며
쓰러질새 없이 살아 냅니다.
그것이 나의 현실입니다

요즈음 내가 운전하며
고성으로 맘껏 부르는
[내 마음에 강물]처럼
수많은 날은 떠나갔어도
내 마음에 사랑과 열정은
끝없이 흐르고 있습니다.

....

오늘도 금수강산 대한민국을
로시난테와 달립니다.

천등산 산골 소년 청주 골에서 살아남기

청주에 처음 입성할 때 나는 꿈이 많은 엄연한 문학청년이었다. 그래서 문학 서적을 다루면서 동화책을 파는 계몽사 영업사원으로 들어갔다.

판매실적에 따라 성과급을 받으면서 시간을 자유롭게 쓸 수 있는 것이 좋아서 스스로 걸어 들어갔던 것이다.

청소년 시절이라 하고 싶은 것이 많았다. 입사 동기생이 10명 가까이 되었는데 모두 청주에 연고를 둔 사람들이었고 나만 무연고에 지연도, 학연도, 혈연도 없는 처지였다.

나의 이력서가 형편없다 보니 지사장님도 나를 찬밥으로 대하고 청주가 연고인 사람들에게 마음을 퍼 주는 거였다. 그러나 개의하지 않고 그저 묵묵히 교육받고 전의를 가다듬으며 판매 핵심을 찾아서 메모하여 나만의 화법 원고를 만들어 나갔다.

내가 자신 있게 팔 수 있는 것은 중고생 문학전집 계통이었다. 세계문학과 한국문학이었는데 내가 청소년 시절 읽어두었던 전집이어서 가슴에서 자신감이 충만해 있었다.

들이대는 데 자신 있고 또 활자 중독증 환자처럼 읽은 것이니 무척 좋았다. 그러나 지사장님과 담당 과장은 내게 눈길을 주지 않았다. 나는 그때 미운 오리 새끼처럼 혼자 겉돌았다.

먼저, 편지지 넉 장 분량의 화법 원고를 점층적인 감동이 전해 지도록 일목요연하게 만들었다. 독서실을 조전하며 원고를 사흘 동안 완전히 외워 버렸다. 누군가가 나를 건드리기만 해도 암기된 화법을 일목요연하게 토해낼 수 있을 정도였다.

원고를 완벽하게 외운 날은 비장한 각오로 우암산을 올라갔다. 우암산 정상을 오른 것은 그때가 처음이자 마지막이었다. 청주시 지도의 좌표가 있는 정상에서 외워 버린 내용을 마치 웅변하듯 머리 위로 카랑카랑하게 외쳐댔다.

주변 등산객들이 이상하다는 듯이 쳐다보기도 했지만 개의치 않았다. 목이 갈라질 정도로 서너 번 웅변하고 나니 무엇인지 모를 자신감이 가슴을 헤집고 올라왔다.

청주시 머리 위에 자신감을 토해 내었다. 청주를 입성할 때 그렇게 비장하게 꼭대기에 올라가서 고래고래 소리를 지른 것이다. 산에서 내려와 고깃집에 혼자 들어가 3인분의 삼겹살과 소주 한 병을 주문했다.

　내일부터 청주 시내로 나아가 혼을 불사르듯이 도서를 팔 것이기에 전야의 밤을 혼자 마시는 술로 보낸 것이다.

　소주로 목을 축이고 고기로 웅변에 지친 목을 달래는데 긴장 때문인지 술이 오르지 않았다. 그때는 청주에 내가 아는 사람이 한 명도 없었다. 완전 무연고지였다.

　다음날부터 입사 동기들과 그래프 전쟁이 시작되었고 나는 닥치는 대로 사람들을 만나며 문학전집을 외운 대로 홍보하기 시작했지만, 주문서는 쉽게 나오지 않았다.

　동기들은 연고를 만나 판매를 신나게 하는데 나는 무려 사흘 간이나 헛방을 치는 데 미칠 지경이었다.

　드디어 나흘째 되는 날부터 주문이 나오기 시작했다. 신들린 듯이 판매하기 시작했고…. 그해 난 청주지사를 뛰어넘어 전국에서 손꼽는 신인상을 거머쥐었다.

　시간과 노력을 집어넣을수록 돈이 불어났다. 그해 시골에서 어릴 때부터 지고 온 유년의 빚을 모두 청산하고 홀어머니를 청주로 모실 수 있었다.

　그때 얻은 내 별명이 폭주 기관차였다. 홀대하시던 지사장님도 팀장님도 완전한 나의 팬이 되었고 시골 무지렁이에서 기가 충만한 1등 영업사원이 되었다.

반찬가게 주인의 밥상이 가장 허름하다고 책을 파는데 미친 나는 책 한 권 제대로 읽지 못하고 영업에만 몰입이 되어 미친 듯이 팔아댔다. 그리하여 미운 오리 새끼에서 백조로 우뚝 섰다.

그해 내 나이는 26살이었고 중고등과정을 위해서 밤에는 검정고시에 매달려 있었다. 공부와 돈, 두 가지에 목이 말라 있었다.

바쁘게 사느라 두 마리의 토끼를 무난하게 놓치지 않고 잡아내고 있었다. 문학, 희망의 땅에 집념이라는 씨앗을 심듯이 그렇게 청주에서 나의 꿈으로 자랄 씨앗을 심고 있었다.

구두가 6개월을 버티지 못했다. 장점이었던 성실을 바탕으로 어릴 적 마구잡이로 읽은 잡식성 지식으로 영업을 펼치니 정말 신들린 듯이 영업이 되는 거였다. 어려움을 헤치고 나가니 길이 열렸다.

영업에 자신감이 붙자 집집 방문보다 고급스러운 영업을 하고 싶었다. 그래서 회사를 계몽사에서 동아 출판으로 옮겨 엔사이클로 페디아(동아 백과사전) 판매에 도전했다.

충북대 교수님들과 청주교대 교수님들, 교원대 교수님들을 목표로 도전을 시작했다. 같은 해 동아 출판사에서도 신인상을 거머쥐었고 아파트도 마련했다. 그때 충북대 교수님들에게 거의 다 팔았고 직원들에게도 백과사전을 안겨 드렸다. 교대와 교원대도 사정은 비슷했다. 그때 충북대에서는 직원과 교수들이 나를 모르는 사람이 없었다.

그곳 대학 교수님들도 많이 은퇴하셨지만, 아직도 나를 기억하는 사람들이 많아서 나는 행복하다. 땀과 눈물로 이룩해 낸 결과였다.

가끔 무엇인가 잘 안 풀릴 때는 지금도 충북대를 간다. 더러 나를 알아보는 고객님들이 계신다. 그분들도 나를 반겨 주신다. 무연고에 무無 지식으로 파고드는 것이 쉬운 것은 아니었지만 해냈다.

최고 지식층을 정성껏 공략해서 성공하니 일선 학교들은 식은 죽 먹기였다. 초등학교, 중등학교…. 충북 전역 구석구석을 파고들며 신들린 영업을 했다.

모두 대학 교수님들의 제자이다 보니 고객 교수 이름만 거명해도 팔리는 형국이었다. 86년, 88년 올림픽 시절 내가 총각일 때 3~4백만 원의 월급을 받았다. 내 겁 없는 영업은 그렇게 최고 지식층을 거점으로 시작되었으니 두려운 것 없었다.

나는 겸손을 잃지 않았다. 시골스러운 순수는 나의 귀중한 재산이었기에 자만하지 않고 고객님을 진심으로 소중하고 절대적으로 대했다.

세상은 주는 것만큼 돌아온다는 진리를 영업해서 절절하게 경험했다. 그러기에 지금도 어떤 계산을 하지 않고 마음 깊게 사귀는 편이다. 어떤 곳에서 손해를 보면 다른 곳에서 충당이 되고 남기에 얄팍한 상술이나 사람을 버리지 않는다.

축구에서 공은 놓쳐도 사람을 놓치지 말라는 해설처럼 나는 사람을 놓치고 싶지 않다. 사람들은 모두 어느 분야에서는 소중한 진국이기 때문이다.

나중에 금융권으로 옮겨 가서 타의 추종을 불허할 정도로 나는 영업에 달인이 되어 몇백억을 능숙하게 관리하게 되었다. 남들은 수완이 좋다고 했으나 땀과 눈물로 얻어낸 결과였다.

처음 정착한 청주에서 내게 이러한 삶과 사랑과 행복을 안겨주었기에 늘 감사하고 사랑하며 또 열심히 사는 것이다.

공부도 하고 싶은 대로 했고 글쓰기와 아마추어 성악도 시작했다. 청주는 이름만큼 푸르고 아름다워서 좋다.

나는 그토록 아름다운 청주에서 내 꿈과 이상의 절반을 이루어 주었기에 영원한 청주 마니아다.

신앙처럼 청주를 사랑한다. 청주는 분명 꿈꾸는 도시이다. 소설가도 되었고, 수필가도 되었고 성악의 나라에 기웃댔으니까.

재미있는 것은 시인의 아빠가 되었다. 큰딸 이름이 시인이니까. 정시인!